U0085638

世紀
人物100

遲來的掌聲

孟德爾

陳又治　著

三民書局

獻給孩子們的禮物

主編的話

　　世界上最幸福的孩子，是他們一出生就有機會接近故事書，想想看，那些書中的人物，不論古今中外都來到了眼前，與他們相識，不僅分享了各個人物生活中的點滴，孩子們的想像力也隨著書中的故事情節飛翔。

　　不論世界如何演變，科技如何發達，孩子一世幸福的起源，仍然來自於父母的影響，如果每一個孩子都能從小在父母親的懷抱中，傾聽故事，共享閱讀之樂，長大後養成了閱讀習慣，這將是一生中享用不盡的財富。

　　三民書局的劉振強董事長，想必也是一位深信讀書是人生最大財富的人，在讀書人口往下滑落的多元化時代，他仍然堅信讀書的重要，近年來，更不計成本，連續出版了特別為孩子們策劃的兒童文學叢書，從「文學家」、「藝術家」、「音樂家」、「影響世界的人」系列到「童話小天地」、「第一次」系列，至今已出版了近百本，這僅是由筆者主編出版的部分叢書而已，若包括其他兒童詩集及套書，三民書局已出版不下千百種的兒童讀物。

　　劉董事長也時常感念著，在他困苦貧窮的青少年時期，是書使他堅強向上，在社會普遍困苦，而生活簡陋

的年代，也是書成了他最好的良伴，他希望在他的有生之年，分享這份資產，讓下一代可以充分使用，讓親子共讀的親情，源遠流長。

「世紀人物100」系列早就在他的關切中構思著，希望能出版孩子們喜歡而且一生難忘的好書。近年來筆者放下一切寫作，接下這份主編重任，並結合海內外有心兒童文學的作者共同為下一代效力，正是感動於劉董事長致力文化大業的真誠之心，更欣喜許多志同道合的朋友，能與我一起為孩子們寫書。

「世紀人物100」系列規劃出版一百位人物故事，中外各占五十人，包括了在歷史上有關文學、藝術、人文、政治與科學等各行各業有貢獻的人物故事，邀請國內外兒童文學領域專業的學者、作家同心協力編寫，費時多年，分梯次出版。在越來越多元化的世界中，每個人都有各自的才華與潛力，每個朝代也都有其可歌可泣的故事，但是在故事背後所具有的一個共同點，就是每個傳主在困苦中不屈不撓，令人難忘的經歷，這些經歷經由各作者用心博覽有關資料，再三推敲求證，再以文學之筆，寫出了有趣而感人的故事。

西諺有云：「世界因有各式各樣不同的人群，才更加多采多姿。」這套書就是以「人」的故事為主旨，不刻意美化傳主，以每一位傳主的生活經歷為主軸，深入描寫他們成長的環境、家庭教育與童年生活，深入探索是什麼因素造成了他們與眾不同？是什麼力量驅動

了他們鍥而不捨的毅力？以日常生活中的小故事，來描繪出這些人物，為什麼能使夢想成真。為了引起小讀者的興趣，特別著重在各傳主的童年生活描述，希望能引起共鳴。尤其在閱讀這些作品時，能於心領神會中得到靈感。

　　和一般從外文翻譯出來的偉人傳記所不同的是，此套書的特色是，由熟悉兒童文學又關心教育的作者用心收集資料，用有趣的故事，融入知識，並以文學之筆，深入淺出寫出適合小朋友與大朋友閱讀的人物傳記。在探討每位人物的內在心理因素之餘，也希望讀者從閱讀中，能激勵出個人內在的潛力和夢想。我相信每個孩子在年少時都會發呆做夢，在他們發呆和做夢的同時，書是他們最私密的好友，在閱讀中，沒有批判和譏諷，卻可隨書中的主人翁，海闊天空一起遨遊，或狂想或計畫，而成為心靈知交，不僅留下年少時，從閱讀中得到的神交良伴（一個回憶），如果能兩代共讀，讀後一起討論，綿綿相傳，留下共同回憶，何嘗不是一幅幸福的親子圖？

　　2006 年，我們升格成為祖字輩，有一位朋友提了滿滿兩袋的童書相送，一袋給新科父母，一袋給我們。老友是美國國家科學院院士，曾擔任過全美閱讀評估諮議委員，也是一位慈愛的好爺爺，深信閱讀對人生的重要。他很感性的說：「不要

以為娃娃聽不懂故事，我的孫兒們一出生就聽我們唸故事書，長大後不僅愛讀書而且想像力豐富，尤其是文字表達能力特別強。」我完全同意，並欣然接受那兩袋最珍貴的禮物。

因為我們同樣都是愛讀書、也深得讀書之樂的人。

謹以此套「世紀人物 100」叢書送給所有愛讀書的孩子和家庭，以及我們的孫兒——石開文，他們都是世界上最幸福的孩子，因為從小有書為伴，與愛同行。

作者的話

　　我認識孟德爾這個名字是在讀高中一年級時的生物課程中，他是最早發現遺傳學定律的科學家。孟德爾是奧地利一個修道院的修士，當時的我，認為修士應該是熟研《聖經》，傳布教義，為教區的信徒們服務的人，沒想到他竟專注於豌豆雜交實驗，從而窺得遺傳的祕密，推得遺傳法則，造福了全人類。

　　今天為了編寫這本給孩子們的讀物，我蒐集了許許多多的資料，才真正了解這位遺傳學家一生的遭遇。

　　孟德爾從小就喜歡研究科學，可是因為家境貧困，求學路上充滿坎坷。為了不再受飢餓的威脅，為了能安心研究科學，最後，他竟選擇成為「修士」。儘管當時歐洲社會對修士、神父等神職人員非常尊敬，但是要作出這樣的抉擇，畢竟是很不尋常的。

　　他是一個正直而不肯迎合他人的人，以致兩次教師資格考試都沒有通過，要不是後來有機緣成為修道院院長的話，可能終其一生只是一位臨時教師而已。但是，他卻有著超乎常人的智慧，縝密的構想和恆久的研究精神，在人們對細胞構造還一無所知的時候，他已經正確的歸納出遺傳的法則來。

孟德爾不是一位職業科學家，但是他了解雜交結果的複雜性，深深體會到如果只培育少量後代是難以下定論的，因此他認為只有在大量種植的前提下，才能觀察到完整的遺傳方式。這是同時代科學家們大大不如他的地方。可惜的是，這位業餘科學家的真知灼見，卻超越了當時人們的理解能力。這篇花費了他將近十年的時間和精力所得到的實驗論文，在發表以後，竟然得不到人們的認真對待，當時，他的心情該是如何的失望、委曲和寂寞！

　　孟德爾當然知道，自己在科學界的分量是不夠的。誰會相信一個新人，而且還只是個業餘研究者，會有什麼驚人的發現呢？他知道，他的獨到見解，如果能得到一位大師級人物的支持，情形一定會大為改觀的。為了得到這樣一位重量級專家的青睞，他曾經把四十份《豌豆雜交實驗》論文的單行本，寄給世界各地有名的科學家，不幸的是，除了奈傑立教授之外，沒有一個人給他回音。在他去世多年後，人們找到了這些論文其中幾篇的下落，發現收件人有的連信封都沒拆開，有的可能瞄了一眼題目，就興趣缺缺的往書架上一擱了之。

　　孟德爾像一匹「千里馬」，可惜沒有遇到懂得欣賞他的「伯樂」。這種人間的憾事，在歷史上曾經一再的重演。好在，他的論文在他發表三十四年後，終於得到了人們的肯定，在學術界激起了巨大的

迴響。據他的友人說，當他在世時，曾經好幾次表示：「總有一天，人們會了解這篇論文的價值的。」

　　擔任修道院院長的最後幾年裡，這位有著鍥而不捨精神的科學研究者，曾經為了新稅法的不合理，拼命的寫信向政府抗議，他的固執，遭到了修道院裡其他人士的反對，可是他絲毫不為所動。他去世後，新任院長很快的便和政府達成協議，政府給了修道院十分優惠的條件，把這個棘手的問題順利解決。看起來，有傑出科學頭腦的人，未必有政治手腕，持正不阿，有著單純的心思的孟德爾，似乎更適合做科學研究吧！對他而言，院長的職位，雖然抬高了他的身分，卻浪費了他的科學才華。如果他能把接見訪客、管理院務等雜事的時間和精力用在科學研究上，成就一定更高，對人類的貢獻也一定更大！

寫書的人

陳又治

　　浙江人，民國四十年生於臺灣屏東市。臺灣大學植物病蟲害系畢業，1974 年赴美，獲美國西維吉利亞大學昆蟲學碩士，其後轉習電腦，於美國北卡羅萊納州立大學取得電腦碩士。現任北卡州政府電腦部門程式分析師。曾以「美美」、「何其」等筆名於《中央日報》及北美《世界日報》發表散文。著有童書《植物的奮鬥》等。

遲來的掌聲

孟德爾

世紀人物 100

孟德爾

1822～1884

1 求學之路

離 家

9 月中的一個清晨，天剛破曉，孟德爾一家人都起來了。

這是十一歲的約翰·孟德爾要離家去立平尼克讀中學的日子。立平尼克離約翰家約十三英里，他必須寄宿在學校裡，只有放假的日子才能回家。

廚房裡，爐火正旺，空氣中瀰漫著食物的香味。今天的早餐特別豐盛，有炒蛋、馬鈴薯餅、麵包、葡萄醬等等，大碗大盤擺滿了一桌，這些都是約翰平常愛吃的東西。

孟德爾先生匆匆吃完早餐，看兒子還吃得津津有味，說：「約翰，你慢慢吃，我先去給馬套車，車套好了再來叫你。」

　　孟德爾太太和十五歲的大女兒維若妮卡正忙著烙餅。四歲的小女兒泰瑞莎睡眼惺忪的抱著她的布娃娃，靜靜的坐在旁邊，她昨天就和母親說好，今天早上一定要在哥哥離家之前叫她起床。

　　烙餅是要讓約翰帶去的午餐和晚餐。孟德爾太太一邊忙，一邊看著兒子滿足的吃相，欣慰中又有些悵惘。

　　孟德爾先生是個農人，對一個農人來說，田裡總是有做不完的工作，他送兒子上學以後，回來還要幹活，所以得趕在一大早出發。

　　吃完早餐，孟德爾太太督促約翰把行李再檢查一遍，然後又在食籃裡加了一包烙餅。門外，做父親的已經準備好了馬車，父子倆把鋪蓋捲和箱子籃子一一放上馬車。

　　天氣已經有些秋意，風一一吹

來，讓人有點涼颼颼的感覺。

看著漸行漸遠的馬車，站在家門口送行的孟德爾太太和兩個女兒，都忍不住大聲的嚷著：「再見，再見啊，約翰！」

馬車上，約翰也不停的向母親和姐妹們揮手，口中喊著「再見！再見！媽媽，維若妮卡，泰瑞莎，別擔心，我會好好照顧自己的。」

很快的，馬車就消失在泥土路的盡頭。「再見啊，哥哥，再見……」泰瑞莎還不停的揮著她的小胖手，稚嫩的聲音在空氣裡迴盪著。

兒子到外地求學，是孟德爾太太費了許多唇舌才讓丈夫同意的。一旦成了事實，做母親的又覺得十分不捨。看著兒子漸行漸遠的身影，孟德爾太太心頭湧起了萬般滋味。十一歲，還是個孩子呀！

「媽媽，哥哥什麼時候回來啊？」泰瑞莎問母親。「不會太久，等放秋假，爸爸就會去接他回來的。進去吧！別著涼了。」孟德爾太太擦了擦眼角，抱起泰瑞莎，心裡開始盤算著賣雞的事。

「走，維若妮卡，泰瑞莎，我們進去吃早餐，吃完了，去雞舍看看今天有幾個雞蛋可撿，以後我們要多養幾隻雞，看能不能賣個好價錢，給哥哥付學費。」

在外地讀書，除了學費，吃住也要花錢。孟德爾太太心裡想：「去年的雞都得了瘟疫死了，老天爺，今年千萬要讓這些雞兒們健健康康的長大，我們真的好需要這筆錢！」

好學的約翰

1822 年 7 月 22 日，約翰·孟德爾出生於奧地利一個名叫「亨茲德弗」的小村莊。現在，亨茲

德弗叫做亨西斯，位於捷克共和國境內，可是在一百多年前孟德爾的時代，它屬於奧地利，是西里西亞德語區裡的一個鄉村。那時候，整個歐洲由幾個大帝國統治著，奧地利屬於哈布斯堡帝國，哈布斯堡帝國還領有匈牙利、捷克等地。哈布斯堡帝國以奧地利為主，奧地利國王也是哈布斯堡帝國的皇帝。

亨茲德弗風景非常優美，村子裡有七十幾戶人家，居民大部分務農維生。約翰·孟德爾很幸運的出生在亨茲德弗，那兒是瓦德柏女伯爵的轄區，這位女伯爵很重視教育，認為教育能促進經濟、文化的發展，因此在亨茲德弗辦了一所鄉村小學，鼓勵村民們送子弟上學。學校很小，只有一間教室，一位老師，不同年齡的孩子都在一起上課。馬基塔老師在這所學校裡教書已經三十多

年，除了教孩子們讀書寫字，他還針對農民的需要，開了養蜂、園藝等課程。瓦德柏女伯爵為了配合他的農業課程，也時常送些園藝工具、養蜂器材、菜種以及果樹苗等物件給學校。那時，社會上沒有職業學校，這些課程提供的農業知識非常合乎農家的需要，所以大受村民的歡迎。

約翰從小喜歡讀書、喜歡上學，下課休息的時候，其他孩子們都在教室外面追來打去的玩耍，約翰卻喜歡待在教室裡，向馬基塔老師借書來看，所以他的成績特別優異。畢業時，馬基塔老師認為，這麼一個天生該讀書的孩子，如果就這樣被埋沒了，未免可惜。於是，他決定去孟德爾家走一趟，如果他能說動約翰的父母讓兒子到外地繼續升學，那就太好了！

老師的器重

　　7月天的一個下午，馬基塔老師拄著拐杖，頂著大太陽，滿頭大汗的來到孟德爾家。

　　「孟德爾先生，孟德爾太太，有人在家嗎？」馬基塔老師在門外喊道。他一邊敲門，一邊打量孟德爾家這棟與眾不同的石磚房子。房子前面，沿牆種了許多康乃馨、雛菊等花草，還有當地人喜歡用來釀酒的小葡萄，一叢叢的，長得非常茂盛。房子旁邊還有一個小花圃，裡面種著主婦們做菜不可缺少的荷蘭芹、迷迭香等香草。離花圃不遠的地方，有間雞舍，裡面各色雞群正在悠閒的啄食。雞舍後面則是穀倉。

　　這時候，孟德爾父子都在田裡工作，家裡只有孟德爾太太和兩個女兒。

　　孟德爾太太是個有著紅撲撲

的圓臉、樂觀而精力充沛的婦人，看到馬基塔老師，她連忙招呼道：「歡迎歡迎，馬基塔老師，請進請進。好熱的天啊，快進來休息一下。」

屋裡一角，維若妮卡正拿著扇子哄泰瑞莎午睡。「來來來，維若妮卡，快拿扇子來幫馬基塔老師搧搧。」看到馬基塔老師揮汗不止，孟德爾太太心裡覺得很過意不去。

馬基塔老師一邊擦著頭上的汗，一邊進屋坐下。孟德爾太太趕忙把自己釀的葡萄酒拿來招待客人。寒暄了幾句之後，馬基塔老師便對孟德爾太太說：「孟德爾太太，我在亨茲德弗教書有三十多年了，各式各樣的學生見得不少，說真的，像約翰這麼喜歡讀書的孩子，實在少之又少。今天我來，是想問問您們，不知道您們有沒有讓他繼續升學的打算？」

　　馬基塔老師停了一會兒，喝了口香甜的葡萄酒，接著說：「當然，升學是要花錢的，我知道，這對農家來說，是相當大的負擔。只是作為約翰的老師，我想我有義務讓您們知道，這孩子真的是塊讀書的料。」望著孟德爾太太，馬基塔老師停了一會兒，又繼續說：「希望您們不會怪我多事。可是，說真的，孟德爾太太，要是約翰能繼續讀書，以後一定會有成就的。請您和孟德爾先生一定要多加考慮！」

　　聽馬基塔老師這麼誇獎自己的兒子，孟德爾太太當然很高興。一個月前，孟德爾太太在路上碰到馬基塔老師，馬基塔老師那時就提過要來拜訪的事。當時，孟德爾太太就猜到馬基塔老師的用意，這幾天，她一直想，馬基塔老師怎麼還不來，是不是該和丈夫討論一下讓約翰繼續升

學的事呢？孟德爾太太有個叔叔也是當老師的，在馬基塔老師來之前，他曾擔任過亨茲德弗小學的教師。從前，她最佩服的就是這位知識豐富的叔叔老師，她想，如果約翰能繼續讀書，將來就可以像叔叔或馬基塔老師一樣，成為受人尊敬的教師。那該多好呀！

馬基塔老師告辭的時候，孟德爾太太告訴他，她一定會想法子好好勸丈夫讓約翰升學的。

約翰的父親

約翰的父親，孟德爾先生，約莫四十歲年紀。他有厚實的肩膊，粗壯的臂膀，瘦長的臉上稜角分明，平時不多話，看來有些嚴肅。亨茲德弗的村民很多都是佃農，他們向地主租地耕種。孟德爾先生的祖父最初也是個佃農，靠著多年的省吃儉用，終於

買下了這塊田地。祖父年紀大了以後，田地傳給了孟德爾先生的父親。孟德爾先生年輕時，曾經加入奧地利的軍隊，抵抗拿破崙入侵，在作戰期間，他輾轉各處，到過不少地方，直到戰爭結束後，才回到家鄉，繼承田地和房產，娶了同村一個園丁的女兒做妻子。

孟德爾先生有一雙巧手，家裡的房子傳到他手上時，已經十分老舊，迫切需要大肆整修。他想起在外地時，曾見過以石磚為建材的房舍，覺得既美觀又堅固，心想：「不如就趁這個機會，把這破舊的木頭房子改建成石磚房子吧。」經過仔細的籌劃，他不但將原先的木房改造成為磚房，還在後面加蓋了兩間臥室。那時候，這樣的石磚房子，在村子裡可是第一棟呢！

孟德爾先生也喜歡種果樹。

屋子後面，有一個菜園，園子裡，孟德爾太太種了白菜、黃瓜、豌豆、番茄等，而孟德爾先生就在園子四周種了蘋果、梨子、酸櫻桃等果樹。

孟德爾先生對改良果樹非常在行，如果遇到果子味道特別好的果樹，他會選擇適合的枝幹，以利刃切斷，同時也把一棵樹身強健但果味不如理想的果樹樹幹鋸斷，將前者的樹枝緊密的接合在已砍斷的樹幹上，然後把接口固定，包紮妥當，過些時候，等兩棵樹的傷口漸漸癒合，便會長成一棵既健康又能結好果子的樹了。這種方式叫做「嫁接」，是改良果樹品種的好辦法。

約翰對農事很有興趣，在學校裡，馬基塔老師不時會傳授農業新知，約翰回家以後，立刻告訴孟德爾先生，孟德爾先生聽了，就興致勃勃的和他一起試

驗。在亨茲德弗，人們都知道孟德爾家的水果特別好吃。每逢有人稱讚，孟德爾先生總是高興得合不攏嘴，約翰在旁邊，也感到說不出的喜悅。

約翰從小就是父親的好幫手。田裡的工作做完，父子倆總不忘到園子裡給果樹除草殺蟲。春天裡，看到繁花繽紛，就滿心歡喜的期待豐收。到了收穫季節，全家便出動採摘，將一簍簍的果子裝上馬車，不但家人可以吃個夠，甚至還可以分送給親朋好友。孟德爾太太做的蘋果派、李子醬更是孩子們的最愛。

至於吃不完的水果，一部分經過加熱處理後裝進瓶子裡，在冬天沒有新鮮水果的時候，正好可以拿出來享用；其餘的就可以送去市集，賣給商人，所得雖然不多，卻是一筆額外收入。這時候，孟德爾先生的心情就會特別

好，會買些花布、香料及小玩意兒回家，一連幾天，家中都顯得喜氣洋洋，好像在歡度什麼節慶似的。

父親的決定

在亨茲德弗以及歐洲其他一些地方，農民的住家和他們的田地是分開的，因此每天一早，孟德爾先生就駕著馬車去田裡工作，一直到晚上才回來。那天，晚飯後，孟德爾太太把孟德爾先生的煙斗拿來，替他點上火，讓他坐得舒舒服服的，看他半睜著眼睛、吐著煙圈，一副很享受的樣子，這才提起馬基塔老師來過的事。當她告訴孟德爾先生馬基塔老師如何讚美約翰，說約翰是塊天生讀書的料，並且建議他們讓約翰繼續升學時，孟德爾先生沒有說話，眼睛望著遠方，只是把他的煙斗抽得吧答吧答的響。

　　做父母的人，聽到老師對兒子的讚美，沒有不歡喜的。但是，現實的考量卻讓做父親的猶豫不決。繼續升學得花不少錢，而且，約翰是家中唯一的男孩，孟德爾先生一直希望將來能把房子田地都傳給兒子。從約翰才搖搖擺擺剛學會走路起，孟德爾先生就常帶著他下田，教他做些田裡的事情，而約翰也沒讓他失望，小小年紀已經有著結實的骨架，粗壯的臂膀。看著他矯健的身影，做父親的總是滿心喜悅的想：「這孩子將來長大後，一定能做個好農夫的。」唉，讀書當然好，可是如果約翰以後走上讀書的路，那麼自己辛辛苦苦經營的田地和房子，將由誰來繼承呢？

　　孟德爾先生沒讀過什麼書，但是他見過世面，知道許多城市已經開始利用機器代替人力，人們的生活變得越來越複雜，需要

的知識也一定越來越多。讓約翰繼續讀書當然是件好事，但是，自己的年紀一天天大了，說不定哪天就做不動農事了，到時候，如果兒子不在身邊，那他能依靠誰呢？

一連好幾天，晚餐後，孟德爾先生和孟德爾太太的話題總是繞著該不該讓兒子升學這件事打轉。孟德爾太太對孟德爾先生說:「我理解你的心情，好不容易盼到兒子從小學畢業，可以幫忙農事了，當然不希望他離開家。可是你有沒有想過，如果我們不給他這個機會，那麼他長大以後，必然也是個農夫，必然也和我們現在的生活一樣，自己田裡的工作多得做不完，還得每星期為貴族服勞役。何況，有讀書天賦的人畢竟不多，如果他能繼續讀書，長大了做個教師，甚至神父，既不用像我們這麼辛苦，又

能贏得人們的尊敬，那該多好！」

　　孟德爾先生承認妻子說的話沒錯，農民是社會上最勞苦而沒有地位的階層。那時候，奧地利仍然沿襲著封建制度，農民有為貴族服勞役的義務，即使是自耕農，一個星期裡，也得為貴族服役三天。除此之外，農民還要向政府納稅。「貴族有錢卻不必納稅，農民沒有錢反倒必須納稅。太不公平了！」農民們不時私下抱怨著，然而抱怨歸抱怨，他們哪有反對的力量呢？

　　如今這孩子書讀得好，也許真是一個契機，可以藉此脫離這勞苦而得不到公平對待的農民階層。但是，讀書畢竟是件耗時花錢的事，再說，讀了書，就一定有光明的前途嗎？以亨茲德弗來說，這個小村子裡只需要一名教師，像馬基塔老師來到亨茲德弗，一待就是三十多年，如果約

翰將來想教書，他是不是真能找
得到教師的職位呢？當初修葺房
子的時候，孟德爾先生借了一筆
錢，目前還在分期償還，要是讓
孩子去外地讀書，學費吃住都是
可觀的花費，到時候，他能負擔
得了嗎？妻子一再告訴他，她可
以多養些雞來賣錢，然而無論怎
麼計算，他都覺得很困難。

　　可是，孟德爾先生也注意
到，每次只要一提到讀書，約翰
眼裡就會露出渴望的神情，讓他
一直不忍心說「不」。他想，也
許自己可以設法找些替人拉車運
貨的工作來增加收入。這天，在
晚餐桌上，當父親宣布同意讓約
翰繼續升學時，約翰不禁高興得
跳了起來。母親看著兒子興奮的
模樣，也掩藏不住心裡的快樂，
她的眼睛笑得彎彎的，有如天上
的月亮一般。她說:「約翰，你可
得好好努力，將來，像舅公一樣

當老師，生活就不用像我們這麼辛苦了。」

泰瑞莎也感染了哥哥的興奮，又叫又跳。她說：「我的哥哥好棒，我的哥哥將來要當老師！」

生性開朗的泰瑞莎，向來是全家的開心果，約翰抱起可愛的妹妹，在屋子裡不停的打轉。

繼續升學

父親的決定讓約翰既高興又感動。孟德爾家有自己的田地和房子，還有兩匹馬和一輛馬車，在村子裡算是生活還過得去的人家。然而約翰知道，去外地讀書不比在家裡，學費吃住沒有一樣不需要花錢，這對父母來說，是一筆很大的開銷，而且，他不在家，父親就少了一個得力幫手，工作自然會更加辛苦。

在去立平尼克學校的路上，父親告訴約翰：「約翰，馬基塔老

師建議我們先讓你去立平尼克中學試試，立平尼克中學的學生比亨茲德弗多得多，比較能測出你的實力，如果成績不好的話，你就可以死了心，好好跟我在家種田。」

立平尼克中學學生的確很多，然而約翰的成績仍然名列前茅，一年的課程結束後，下一步便是到更遠的卓磐市去讀高中。這一回，父親對約翰繼續升學一事完全沒有異議。「看來兒子確實是塊讀書的料。」父親想，「也許他真的能成為一位老師呢！」

2 挨餓的高中時代

半費生

卓磐高中離亨茲德弗有二十多英里，不但路程更遠，學費也更貴，這項沉重的負擔，讓孟德爾先生感到十分困難，和學校商量的結果，決定讓約翰做一個「半費生」。所謂「半費生」，就是只需付一半伙食費，學校供應一半伙食，另一半由學生自己想辦法。母親說，不足的部分，她會從家裡寄來。

1834 年 12 月，十二歲的約翰‧孟德爾，開始了他的高中生涯。

卓磐高中的設備相當完善，學校裡有一所自然科學博物館，這所自然科學博物館設立於 1814 年，資料豐富，對老師的教學和

學生的學習都有很大的助益。學校的科學課程很多，除了化學、物理學、植物學、動物學等，還有氣象學。在此之前，約翰從來沒有接觸過氣象學，所以對這門課程感到十分新鮮。身為農家子弟，約翰比別人更能體會氣象對作物的影響。記得有一年，雨水特別多，麥子來不及收割，就爛在田裡了；還有一年，天氣很熱，忽然下起冰雹，樹上纍纍的蘋果被打落了一地。在卓磐高中，約翰跟著氣象學老師，每日測量溫度、溼度和雨量等，並做了詳細的紀錄，老師說，如果能持之以恆，數據就會具有代表性，到時候，把這些數據加以整理、觀察，應該可以歸納出一些規則來。約翰覺得老師的話很有道理。後來，他對氣象學一直很感興趣。

來到卓磐高中，接觸到各種

學問，約翰覺得十分滿意，糟糕的是食物似乎永遠不夠吃。正在發育中的約翰，肚子就像一個無底洞，如果不嚴加控制，母親寄來的食物，簡直不用兩天就吃完了。有時包裹遲到了，約翰只得靠喝水來充飢。從前和父親忙完農事時，雖然肚子餓得咕咕叫，但是一回到家，母親早已準備好大盤大碗的食物，包括麵包、馬鈴薯餅、馬鈴薯泥、白菜、蘋果醬等等，吃完了，還有美味的蘋果派或南瓜派等甜食。啊，多懷念那滿桌的食物！約翰常想，如果，人能把吃飽的滋味儲存在心裡該有多好！當肚子餓的時候，只要回想飽餐的滋味，就不至於那麼難受了！

　　唉，真希望母親能多寄點食物來，可是，家裡的情形約翰不是不知道，農作物的收入本來就不多，每年還得繳稅，買種子、

肥料等，房子也必須維修。身為農人的孩子，他知道，單是父母肯讓自己來讀高中，就已經是很不容易的了。更何況這兩年，田地裡收成不好，他怎麼忍心再增加他們的負擔呢？所以他總是告訴父母，別擔心，他在學校一切都很好。

雖然常常處於飢餓狀態，約翰仍然維持著優異的成績。同學們見他成績好，有人願意付錢請他輔導功課，雖然所得不多，但對約翰來說，卻似「及時雨」一般，滋潤了他的心田，讓他在必要時，得以買些食物來充飢。在飢腸轆轆的時候，他常常夢到好吃的東西，像是香噴噴的香腸、熱烘烘的麵包、甜滋滋的蘋果派等等；洩氣的是，他總在即將吃到的緊要關頭忽然驚醒。回味著美夢，他舔舔嘴唇，仍然陶醉不已。

　　約翰喜歡高中的課業，更盼望放假回家的日子。回家，不但可以看到家人，更是他補充營養的時機。在短暫的假期裡，約翰總會盡量幫著父親幹活，在和風裡流著汗水，看著欣欣向榮的作物，覺得滿心舒暢。最美妙的，當然是餐桌上那豐盛的食物，他總是吃到飽得不能再飽才停止。惹得維若妮卡和泰瑞莎常常笑他，這麼大的一個肚皮，一點兒也不像個「讀書人」。

　　他想:「如果人能像駱駝一樣多好。」老師說過，駱駝吃飽了以後，在沙漠裡行走，一個月不吃東西都不成問題。要是他有這樣的本事就好了！看著餐桌上豐盛的食物，他滿足的嘆了口氣。

父親受傷

　　1838 年，在約翰進入卓磐高中三年多後，一件不幸的事情發

生了了。

當時，父親正在為貴族服勞役，他在樹林裡砍樹的時候，被從坡地上滾下來的樹幹壓到，身負重傷。消息傳來，約翰擔心得立刻趕回家中探望。

才到家門口，九歲的泰瑞莎一如以往，高興的衝過來抱住他：「哥哥，哥哥，你回來了，我真高興。」

母親和姐姐也都到門口迎接他，只是母親的臉色不再紅潤，眼睛顯得浮腫，彷彿突然老了十歲。維若妮卡也滿臉倦容、神色憂傷的望著他。

母親告訴約翰，父親的肋骨被壓斷了好幾根，醫生說，雖然可以復原，但是以後體力會受到很大的影響，恐怕不能勝任吃重的工作了。

父親躺在床上，雙眼微張，看起來很虛弱，露在棉被外的雙

手，顯得軟弱無力。這原來是一雙何等強壯有力的手啊！

「爸爸，您還好嗎？覺得痛嗎？告訴我，這是怎麼回事?」約翰握著父親的手，眼淚不禁奪眶而出。

「現在已經好多了。」父親的聲音很微弱，「約翰，別難過。事情既然發生了，難過也沒有用。」

「爸爸，您別擔心，我可以輟學，以後田地裡的事，由我來做！」

原以為父親聽了這話會覺得安慰，但出乎意料的，父親很激動的說:「不，孩子，聽我說，你一定要繼續上學，完成學業。這件意外讓我想了很多，只有通過教育，你才能跳脫我們家世世代代做農民的命運。我不願意我的兒子將來也像我一樣，辛辛苦苦的為人服役、聽人差遣，卻沒有

一一點安全的保障。」父親說得急切，顯得有些氣喘。

母親連忙拿了水來。

父親喝了水，休息了一會兒，又問約翰:「你的成績還是很好吧?」

「是的，我還是全班的頭幾名。老師給我的評語是『特優』。」

握著約翰的手，父親露出了安慰的笑容。

自力更生

父親的傷，漸漸康復，四個月後，終於可以下田工作了。可是他的行動不再矯捷，體力也大不如前，工作起來更常常感到力不從心。

約翰覺得不能再讓父親負擔他求學的費用了，實際上，他的父母也無法再供給他了。

約翰告訴父母，學校裡，有

好幾位同學都靠替人補習功課賺錢，他相信自己也可以這麼做，以後，他的學費和生活費，自己會想辦法。正在為錢發愁的父母親聽了，都鬆了一口氣。這年，約翰十六歲，他通過了「私人補習教師」的檢定考試，取得正式為人補習的資格。

約翰是個很優秀的老師，可是在那時候，讀書的人並不多，雖然他很用心的替人補習，找他指導功課的仍然極為有限，伙食費和學費卻毫不容情，逼得他喘不過氣來。好在母親還是不時寄些麵包、果醬來，給他的腸胃不少慰藉。

飢餓，如同一個怪物，不時張牙舞爪的出現在他面前，威脅著他。

有一天，約翰忽然發現自己置身於一間老舊的屋子裡，那是一個完全陌生的地方，他正覺得

困惑時，忽然看見對面有一扇厚厚的門，於是好奇的把它推開，「啊！」他不禁歡呼起來。原來裡面有一張大桌子，桌上擺著好幾個油黃閃亮、看起來香極了的大麵包，旁邊還有一條火腿。走近一看，在另一個盤子裡，躺著一張字條，上面寫著「歡迎享用」幾個字。

正當他伸手去拿的時候，麵包、火腿，竟然一個個都長出翅膀，飛到空中。「別……別……別跑啊！」約翰著急的大叫起來。

這時他忽然驚醒，啊，原來只是一個夢。

「好可惜啊，沒吃到。」

環顧四周，只見同寢室的同學們都還睡得正濃，鼾聲此起彼落。約翰跳下床來，打開桌上的籃子，看見母親寄來的兩個大麵包，半瓶果醬，都還好端端的躺在那兒，頓時安心不少。看著麵

包，約翰不禁嚥了嚥口水，雖然肚子很餓，很想切下一片來吃，但是他終於把食慾壓抑下來，不敢碰那對他招手的麵包。唉，這可是今天、明天和後天的食糧啊。他告訴自己：「忍耐，忍耐，忍耐。」他把麵包收好，心裡默禱三天以後會收到下一個食物包裹。

飢愁交迫的日子，讓約翰心力交瘁，一年下來，他終於崩潰了，昏昏沉沉的，起不了床，回家休養好幾個月以後，才能回學校繼續上課。好在他的根底好，很快的便把荒廢的功課補上，1840年8月，約翰十八歲，順利從卓磐高中畢業。

畢業典禮上，當父母親看到約翰從校長手中接過「成績特優」的獎狀時，心裡真是充滿了驕傲和安慰。就孟德爾先生所知，約翰是孟德爾家族裡有史以

來第一個讀到高中的人。可是，約翰自己對於畢業卻沒有一點興奮的感覺，因為畢業促使他必須面對另一個困難的抉擇。酷愛讀書的約翰，當然希望能讀大學，將來在科學的領域裡發展。可是，學費從哪兒來呢？

在那個時候，如果打算讀大學，必須要先讀兩年大學預備班，修習哲學課程。離家最近的大學預備學校位於歐爾姆茲市。約翰想，歐爾姆茲是個大城，現在，他又有正式私人補習教師的資格，到了那裡，應當可以靠為人補習功課來賺取學費和生活費吧！

到了歐爾姆茲，約翰才發現自己想得太天真了。雖然歐爾姆茲是個大城市，可是在那兒，他一個人也不認識，連寫介紹信的人都找不到。有誰願意僱用一個來歷不明的陌生人替自己補習功

課呢？眼看生活即將陷入困境，約翰又擔心，又害怕，以致無法成眠，終於精神崩潰，必須再度回家休養。

好妹妹

這一回，約翰的病情比上次更加嚴重，在母親和妹妹泰瑞莎的悉心照顧下，在床上足足躺了半年光景，才漸漸有起色，能夠不時到田野裡走走，呼吸鄉間清新的空氣，只是由於身體還很虛弱，幫不上父親什麼忙。

孟德爾先生受傷後，身體一直很虛弱，許多農事都無法勝任，好在不久之後，大女兒維若妮卡結了婚，女婿史德姆穩健可靠，替孟德爾先生分擔了不少工作。

看見父親傴僂著背，勉強在田間工作的身影，約翰心裡覺得又羞愧又歉疚。有一天，父親告

訴約翰，他決定要把田產賣給女婿。父親說:「約翰，看來我的身體已經無法康復了，從前，我一直希望你將來能繼承這塊土地，如今，你成了讀書人，耕種的事，對你也不適合了，還不如賣給你姐夫，讓他照顧。你覺得怎麼樣?」

約翰看著父親充滿歉疚的神情，心裡很難過，「父親，我當然贊成，您現在身體不好，不能再辛苦耕種，不如把地賣了，以後就可以一獲得徹底的休息。我覺得這樣做再好也不過了。」

父親說，他打算把所得的錢，一部分用來供他和妻子養老，另一部分用來讓泰瑞莎做嫁妝。「屬於你的那部分，供你讀書時用掉了。不過，我會要求你姐夫，在你求學期間，每年從農產品的收入裡撥出十元給你。你覺得怎麼樣?」

「喔，父親，您就別為我擔心了！這麼多年來，我為了讀書，花了您們許多錢，現在我這麼大了，會自己想辦法的。」雖然約翰這麼說，但究竟該如何籌措這筆求學的費用，他一點兒概念也沒有。

泰瑞莎看出了哥哥的窘迫。

多年來，泰瑞莎一直以這個聰明、會讀書的哥哥為傲，這兩次，他生病回來，家裡其他的人都以為他是因為吃得不好、營養不良的緣故，只有細心的泰瑞莎知道，哥哥的病是為錢急出來的。泰瑞莎堅持把屬於她的部分送給哥哥，作為哥哥讀書的費用。大家都勸泰瑞莎別這麼做，因為在亨茲德弗一帶，嫁妝是女子嫁人時很重要的一項條件，很少有男人願意娶沒有嫁妝的女子。

「你們放心好了，我就不相

信我會嫁不出去！」泰瑞莎堅決的說。

靠著泰瑞莎送他的這筆錢，約翰總算能回到歐爾姆茲學院繼續學業。第二年，他收了幾個補習學生，有了一些收入，順利的在歐爾姆茲學院修完了大學預備課程。

面臨抉擇

大學預備課程修完了，下一步，就是上大學了。

當初，約翰是為了想進大學才去歐爾姆茲學院的，現在，大學預備課程已經修完，他卻拿不定主意是否要讀大學了。說實話，約翰真的已經過怕了挨餓的日子，他不知道自己是否受得了再過四年這樣的生活。可是，不讀大學的話，他又能做什麼呢？他知道一起從歐爾姆茲學院畢業的同學當中，有幾個人已經找到

了教書的職位，可是他們不是因為父母有地位，就是自己在教育界中有熟人。而他，約翰‧孟德爾，一個農民的兒子，沒有背景，也沒有有力量的朋友，想來想去，實在不知道怎麼辦才好。

　　於是，約翰決定去拜訪歐爾姆茲學院裡教他物理學的弗藍教授，他對約翰一直很賞識，也很關心。約翰想，或許弗藍教授能給他指點一條明路。

3

成為修士

弗藍教授

弗藍教授是一位和藹慈祥的老教授，他很熱情的接待了約翰。

約翰靦腆的向弗藍教授說出自己的來意。

弗藍教授看著眼前的學生，不禁想起了年輕時的自己，從前，他不也在窮困裡掙扎過嗎？

弗藍教授溫和的眼神，使約翰像遇到了親人一般，不知不覺就把心裡積壓許久的煩惱都傾訴了出來。

「我一直希望能在科學的領域裡發展，從事研究工作。」約翰說：「可是，老師，您別笑我，我真的餓怕了。一想到要再過四年在飢餓中掙扎的日子，我就覺得

無法忍受。老師，請您告訴我，我該怎麼辦才好？」

說來湊巧，就在幾天前，弗藍教授才收到一封聖湯瑪士修道院院長的來信，請他推薦一個優秀學生到聖湯瑪士修道院去。弗藍教授看著煩惱的約翰‧孟德爾，心想：「太巧了，這孩子不就是最佳人選嗎？」

弗藍教授說：「約翰，你在科學方面的確很有天賦，我相信，只要你肯繼續努力，將來一定能走出一條路來。」停了一會兒，又說：「眼前正好有一個機會，就不知道你願不願意？」

約翰睜大了眼睛。

「你覺得當一個修士如何？」弗藍教授定定的看著他的學生問道。

「啊，當一個修士？」約翰有些驚訝，「說實話，我從來沒想過要當修士。若是當了修士，我

還「能繼續研究科學嗎?」

修士、神父等神職人員在歐洲是很受人尊敬的,弗藍教授本身便是一位修士,他在布倫市*教書的時候,住在布倫市的聖湯瑪士修道院裡,在那段時間裡,他認識了修道院的奈勃院長,兩人很合得來,成為很要好的朋友。

弗藍教授知道奈勃院長對於科學人才非常看重,一定會支持約翰研習科學的。

「你應該聽說過布倫市的聖湯瑪士修道院吧?它屬於奧古斯汀教派,院裡的讀書風氣很盛,藏書又多,簡直可以媲美一個學院。聖湯瑪士修道院的奈勃院長對於知識最是看重,自己也寫過一本有關改良果樹的書。由於奈

*布倫市 現在叫「布爾諾市」,是捷克共和國的一個城市。

勃院長喜歡讀書，也鼓勵修士讀書，所以聖湯瑪士修道院曾經培養出不少人才。對了，你一定知道有名的植物學家泰勒神父吧？他就是聖湯瑪士修道院出身的。另外，讓我想想還有誰？喔，對了，克來瑟神父，哲學家兼業餘天文學家；克任考斯基神父，音樂家兼作曲家。其他學有專精的，在哲學、數學、植物學、微生物學、礦物學等各方面的人才都有，其中不少人在附近的學校裡教書。

「當然，身為修士必須遵守教會的清規，還要修習神學課程。不過那些規定，我知道，對你是不成問題的。如果你願意成為一個修士，聖湯瑪士修道院絕對能提供你學科學的環境。」弗藍教授對約翰說。

「那太好了！只要聖湯瑪士修道院能讓我繼續研究科學，我

是再願意也不過了。但是不知道要怎麼樣才能進去呢？我不認識任何聖湯瑪士修道院中的人啊！」

「你認識我呀！」老教授看著約翰因興奮而發光的臉龐，微笑著對他說道:「你知道嗎？我年輕的時候，也和你一樣，醉心科學，喜歡讀書，可是沒有錢，很煩惱。到修道院後，我再也不需要為生活擔憂，可以安安心心的研究學問，我覺得很滿意。我想，你也會覺得滿意的。」

兩個月後，聖湯瑪士修道院來了通知，他們接受了弗藍教授的推薦。對於弗藍教授，他們完全信任，連面試也不曾要求，便歡迎約翰加入聖湯瑪士修道院。

神父在社會上有崇高的地位。在修道院裡修完了神學課程，就可以成為神父。農民出身的約翰‧孟德爾，從來沒有想過有朝一日能成為神父。父母親知

道了，都為他感到驕傲。「太好了，我的兒子將來會成為神父！約翰，我就知道你會出人頭地的！」回到家裡，母親高興的擁抱他。

聖湯瑪士修道院

1843 年 10 月，二十一歲的約翰來到布倫市的聖湯瑪士修道院。

布倫市位於奧地利摩拉維亞省，是摩拉維亞省的省城，在奧地利話裡，「布倫」是「山城」的意思，有兩條河在此交會，風景優美，紡織工業發達，經濟相當繁榮。

聖湯瑪士修道院成立於 1350 年，歷史悠久。創始人是摩拉維亞的亨瑞克伯爵，亨瑞克伯爵是當時皇帝查理四世的弟弟，位高權重，修道院因而很受重視。

查理四世曾經把有名的「黑

色聖母畫像」賜給聖湯瑪士修道院，傳說「黑色聖母畫像」具有治病的神力，因此許多人特地前來瞻仰，教堂的名聲也因此更加響亮。由於信徒的踴躍捐獻，加上不少有錢有地位的人死後將部分遺產捐贈給修道院，修道院一度相當富裕。

可是到了18世紀，皇帝喬瑟夫二世對教會不再優待，全國有一半以上的修道院都遭到關閉的命運。聖湯瑪士修道院由於建造得華麗氣派，又位於布倫市的市中心，皇帝很喜歡，想要據為己有，便下令修道院遷離。於是，聖湯瑪士修道院只好買下了市區邊緣一棟空置的修女院，這棟修女院是14世紀時興建的，因為多年來缺乏維修，已經破舊不堪，必須徹底整修後才能居住。聖湯瑪士修道院為了這次的遷移，不但花光了所有的積蓄，還欠下了

一筆債。

　　19世紀初，皇帝佛藍茲一世命令修道院派人擔任布倫哲學學院以及神學院的神學及數學的教學工作，可是聖湯瑪士修道院那時所剩的修士已經寥寥無幾，哪有能力擔任教學重任呢？所以只好一方面出錢請別的修道院派人替代，一方面開始招攬有能力並對教書有興趣的年輕人加入修士的行列。

　　奈勃院長便是喜愛教書的年輕修士之一，他原是富家子弟，來到修道院之後，便在神學院裡擔任教授，1824年，他被推選為修道院院長。雖然管理工作很忙，可是教書是奈勃愛做的事，所以他一直繼續著。三年後，主教發現他還在教書，很不以為然。主教認為既然做了院長，就應該全心全意在管理工作上，奈勃迫於無奈，只好辭去了教職。

　　奈勃很贊成佛藍茲一世「修道院應該擔負教育重責」的想法，他接任院長以後，很想積極招收一批對科學有興趣的年輕修士，好為教會培養科學師資。然而培養人才需要投注不少金錢，那時候修道院的經濟仍然拮据，哪有力量進行？好在修道院名下還有不少田產，奈勃院長想，如果以科學方法來經營這些物業，應當能使生產力增加，提高修道院的收入。

　　奈勃院長在布倫市的教育界是相當有影響力的，在他的安排下，一位有名的農業專家迪伯爾來到了布倫市。迪伯爾一方面在哲學學院擔任教授，一方面也協助修道院的農莊現代化，包括向農民們介紹輪作的觀念，藉著輪流換種豆科植物來增加土壤肥力，並成立果樹苗圃，培養品質優良的樹苗等等。布倫市是紡織

業中心，羊毛的需求量很大，迪伯爾也教導農民培育產毛量多的優良綿羊品種，為修道院帶來豐富的收入，修道院的財務狀況因而大獲改善，終於漸漸有能力培養師資了。

修道院的新生活

為了象徵這是人生另一個階段的開始，修道院為約翰起了一個新的名字——葛瑞格‧孟德爾。在聖湯瑪士修道院這個新家裡，葛瑞格‧孟德爾開始了他的新生活，在修道院的庇蔭下，他再也不用為餓肚子煩惱了。

葛瑞格穿起褐色的道袍，按照院裡的時間作息。早上六點鐘起床，和院長及修士們一起望彌撒，做晨禱，然後到餐廳吃早餐。葛瑞格很喜歡早餐時間，大家總是一邊吃，一邊聊，特別是當奈勃院長也能參加的時候，氣

氛更是歡洽。奈勃院長在院裡很受愛戴，只要他在，大家總是圍繞著他，問東說西；奈勃院長對葛瑞格非常關照，葛瑞格也十分感激。早餐後，教書的、工作的、讀書的，大夥兒各有各的去處，好學的葛瑞格，每天在上完了神學及哲學課程以後，總是在圖書館研讀自然科學方面的書籍。

正如弗藍教授所說的，修道院確實是很好的學習環境。圖書館裡的藏書非常豐富，修士們想讀的書，如果館裡沒有，奈勃院長一定會設法購買。院裡的植物園有各種各樣的植物，還有一個實驗園，裡面有泰勒神父採集來的摩拉維亞特有植物。泰勒神父當時已經是一位很有名的植物學家，可惜葛瑞格來的時候，他已經離開修道院了。此外，奈勃院長還經常邀請有名的科學家和藝

術家來院裡講學。

　　院裡的修士們，有不少喜愛科學研究的，其中有好幾位就在附近的高中或大學裡教書，例如克來瑟神父、舒爾曼神父、嘉伯瑞神父等，葛瑞格經常向他們請教。

　　葛瑞格來到院裡沒多久，奈勃院長便看出他在自然科學方面的才華，有心好好栽培他。他讓葛瑞格去布倫哲學學院上迪伯爾教授的農業科學課程，葛瑞格在課堂裡，學到如何實行人工授粉，以及如何以雜交方式培育優良品種的方法。

　　三年之後，葛瑞格修完了神學課程，宣誓遵守教會的戒律，正式成為神父。院裡把他分派到布倫市一所教堂裡做助理神父。葛瑞格是日耳曼人，不會說捷克語，但是摩拉維亞地區居民大多是捷克人，為了與教民溝通，葛

瑞格開始努力學習捷克語。

　　這段時間，歐洲各地醞釀著革命風潮，哈布斯堡王朝的勢力逐漸消減。

　　1848 年，法國的首都巴黎發生了暴動，人民不滿君主專政，起來推翻王權，成立共和政府。歐洲其他國家的民眾受到了影響，也紛紛起來爭取民權。很快的，奧地利首都維也納也掀起一連串的革命事件，群眾聚集街頭，示威抗議，要求言論及出版自由，趕走了主張極權的首相。這時候，占布倫市人口大多數的捷克農民，也勇敢的組織起來，向政府抗爭，雖然後來抗爭失敗，可是皇帝費迪南一世同意了取消農民為貴族服勞役的規定。當初，葛瑞格的父親便是在為貴族服勞役的時候受傷的，如今這項不合理的規定終於取消了，葛瑞格覺得很安慰。

　　葛瑞格一直很希望能成為一位教師，在這段擔任助理神父的期間裡，他的心裡總是在為自己是否適合做神父而交戰著。對一個神父來說，拜訪教區裡的病人是很重要的工作，糟糕的是，每當他看到重病的人，心裡就十分沮喪，往往要花很久的時間才能從悲傷的情緒中解脫出來。他多麼希望自己能成為一位教師，教授自然科學，可是，這時教會裡的神父嚴重不足，他不知道該怎麼向院長表明自己的意願才好。

　　奈勃院長不愧是修道院的大家長，把這一切都看在眼裡，他寫了一封信給主教，向主教報告葛瑞格的這種情形，建議教會讓葛瑞格擔任教師工作。主教同意了。

4 孟德爾*的教書生涯

臨時教師

由於工業化的需要，1849年，奧地利的教育制度有了變革，當局將進大學之前的兩年大學預備教育課程分為兩部分，有關技術及專業的部分發展成為技術學院，另一部分併入了中學學制裡，在中學裡增設七年級和八年級。這麼一來，教師的需求量便增加了。

奈勃院長是布倫市高中教育委員會的會長，他知道鄰近的小城芳姆鎮有一所高中，正需要一名科學教師，在獲得校長施實立先生的同意後，就把孟德爾派去

放大鏡
*為方便起見，本書由此章開始，直接以「孟德爾」稱呼葛瑞格‧孟德爾。

任教。

　　1849 年 10 月，二十七歲的孟德爾來到芳姆鎮的芳姆高中，擔任臨時教師，住在芳姆鎮修道院。芳姆鎮是一個新興的城鎮，位於摩拉維亞南部，維也納西北方，離維也納大約四十英里，當地的農民以種植高品質的蔬菜及葡萄為主。芳姆高中的校舍很新，設備也好。施寶立校長是個能幹而率直的人，孟德爾初來時，施寶立校長看他既沒有大學學位，又沒有教學經驗，擔心他不能勝任。不過，很快的，校長便發現他的擔心完全是多餘的，孟德爾不但知識豐富，而且極有耐心，是一位難得的好老師。

　　孟德爾教數學、拉丁文和希臘文，每個星期有二十堂課，非常忙碌。因為沒有教師資格，算是臨時教師，月薪微薄，可是他總是設法寄些錢給姐姐或妹妹，

請她們買些東西給父母親。

孟德爾發現教中學與幫人補習不同，從前別人找他補習，多半是因為功課跟不上的緣故，而現在他班上的學生，就像園子裡的花草，各有各的個性，各有各的喜好，等待著他來啟發，他得想法子照顧到他們中的每一個。在那個年代，上課的氣氛十分嚴肅，孟德爾卻很和氣，很有耐心。學生們很快就喜歡上這位戴著眼鏡，中等身材，外套看起來總是嫌大的新老師。

學校裡的同事對這位新來的教師也很有好感。他們發現孟德爾態度謙和，知識豐富，擅於以簡單的言語來解釋複雜的問題。當初施寶立校長是看奈勃院長的面子才請孟德爾來擔任教職的，沒想到這位臨時教師的表現竟然這麼優異，他想:「這孟德爾簡直是個天生的老師，可惜他只是個

臨時教師。」

臨時教師不但薪水少，職位也沒有保障，學校可以隨時提出解聘的要求。有一天，施寶立校長問孟德爾有沒有考慮過參加教師資格檢定考試，孟德爾聽了，不禁有些訝異，他說：「喔，我從來沒想過要去參加教師資格檢定考試。」

「我想你不妨試試看。許多老師都覺得你的程度很好，我也這麼認為。如果你通過了考試，學校便可以聘請你為正式教師，這樣對大家都好，你不妨考慮考慮。」

「教師資格檢定考試，應考的都是大學畢業生吧？恐怕我還差得遠呢！自然科學方面的知識，我大多是自學得來的，不像他們大學生，不但有專門教授指導，又有良好的實驗設備，程度一定比我好得多！」孟德爾有些猶

豫。

「別太謙虛，我們都覺得你很棒。」校長很熱心的說，「無論如何，你應該試試。就算沒通過，也可以得到一點經驗啊！再說，如果一次考不好，還可以再考第二次。」

「校長，那您認為我該考哪些項目呢？」

「這就要看你想教哪門功課而定了。」校長說。

於是，孟德爾報考了初級物理學和普通自然科學。自然科學包括植物學、動物學和地質學。除了填寫詳細的申請表格，芳姆高中還附了一份全校老師都簽了名的證書，推薦孟德爾，保證孟德爾沒有政治污染，是個有資格教書的人選。

在那個時代裡，奧地利有許多不同的族裔，族裔與族裔之間常常發生衝突，所以，一個人的

政治思想是當時政府審核教師人選的重要指標之一。

參加教師資格檢定考試

教師資格檢定考試由教育部舉辦，分為三個部分，第一部分是論述，考生在家裡作答，可以利用參考書，完成以後把答案卷寄回當局；第二部分考生必須親自去維也納應考；第三部分是口試，也在維也納舉行，考生要面對主考的教授，當場回答問題。

1850 年 5 月 10 日，孟德爾收到了第一部分的考題，兩個論述題中，第一個是物理方面的，要他解釋風是如何形成的；第二題是關於自然科學的，要他解釋火成岩與水成岩的差異，同時列舉時間、結構等對水成岩不同層次形成的影響。這兩個題目，孟德爾有八個星期的時間作答。

孟德爾通過了第一題，但沒

通過第二題。第一題的考官鮑嘉那教授那時剛從維也納大學退休，對孟德爾的答案非常滿意，給的評語是「知識豐富，思維清晰」。第二題的考官諾爾教授是維也納大學的動物學教授，在考古學和魚類學研究方面十分有名，諾爾教授對孟德爾的回答卻不欣賞，給的評語是「模糊含混，觀念不清」。

　　孟德爾逝世多年之後，人們從檔案裡找出他寫得滿滿、長達二十三頁的答案卷，經過專家們的仔細審閱，覺得諾爾教授對孟德爾的批評有欠公允。孟德爾在答案卷裡，提到了他對演化的看法，他說：「在地球上聚積了足夠的有機質以後，低等的植物和低等的動物就漸漸形成。在動植物發展的過程裡，環境不時會發生對它們不利的變化，使得它們滅絕。」還說：「當動植物繁殖得越來

越多，最原始的種類有些會消失，讓更新更好的種類來取代它們。」結論裡，他這麼寫道：「火成岩和水成岩的形成一直到今天還沒有完成，因為地球本身仍然沒有停止變化，而只要這變化的動力還在，發展便不可能終止。」這種說法，傾向以地質學教授雷爾為代表的新派理論，有人認為可能諾爾教授還沒能接受雷爾教授的說法，所以才不同意孟德爾的回答。兩個題目得到如此截然不同的評語，考試委員會決定讓孟德爾繼續考下面的部分。

　教育部原先通知孟德爾 7 月中旬到維也納去接受第二部分的筆試及第三部分的口試。7 月是中學學期考試的時候，芳姆高中正忙得不可開交，不巧當時又有兩位教師生病，教師人手嚴重不足，施實立校長便寫了一封信給教育部，要求把孟德爾的考期延

到 8 月。不久，教育部的通知來了，考試日期訂於 8 月 1 日。

　　8 月 1 日，孟德爾坐了四個鐘頭的夜車趕到維也納，這是他第一次到維也納，維也納是個有名的美麗城市，可是由於心裡記掛著考試，所以孟德爾完全無心欣賞，一下火車，就急急忙忙攔了一輛馬車，趕到教育部，沒想到主持考試的鮑嘉那教授卻在一個多鐘頭後，才姍姍來到。在問明了他的來意之後，鮑嘉那教授有些驚訝，「我們不是給芳姆高中捎了一封信，告訴你考試日期已經改到 9 月中旬了嗎？」

　　原來教育部後來又寄出一份通知，將考試日期改到 9 月中旬。糟糕的是，這份通知，孟德爾並沒有接到。孟德爾拿著教育部要他 8 月 1 日來維也納應考的通知，「我真的沒收到改期的通知，鮑嘉那教授，您能不能替我

想想辦法呢？施寶立校長要是知道我沒考成，一定會失望的。」孟德爾懊惱的說。

鮑嘉那教授非常同情他，便說：「既然如此，好吧，讓我儘量來想想法子。你知道，8月裡，維也納熱得要命，每年這個時候，許多人都會到別的地方去避暑。我不知道是否能把考官們都找齊。」

鮑嘉那教授從檔案裡找出孟德爾的報考資料，一看，啊，原來這就是那個不自量力的小子！當初收到這份報名表時，他心裡想：「哼，好一個自大的傢伙，沒讀過大學也敢來應考。大概覺得教師資格考試很簡單吧！」

鮑嘉那教授一邊翻閱考生自傳，一邊打量著眼前這個壯實的年輕人。

「這麼熱的天，年輕人，來一趟很辛苦吧？如果你願意的

話，今天就可以考我的部分。」

孟德爾同意了。

鮑嘉那教授給他的題目是「如何將鋼鐵變成永久性磁鐵」。

孟德爾寫了洋洋灑灑五大頁，交了卷。鮑嘉那教授說：「你過兩天再來聽候回音。到時候，我應該可以找到另一位教授，讓你考第二題。」他看著孟德爾，接著又說：「如果你能在維也納待上一兩個星期，我想我可以設法把考官湊齊，讓你口試。你覺得怎麼樣？」

接著，鮑嘉那教授又問了孟德爾一些問題，家庭狀況，對科學的興趣，為什麼沒讀大學等，孟德爾都一一回答。在這短暫的接觸裡，鮑嘉那教授對孟德爾的印象極好，他發現孟德爾雖然沒讀過大學，可是觀念清晰，邏輯分明，的確是個科學人才，只要

加以適當的訓練，進步一定很快。

在鮑嘉那教授的安排下，兩天後，孟德爾考了筆試的第二題，又過了一個星期，孟德爾考了口試。在這段時間裡，孟德爾住在維也納的奧古斯汀修道院。

筆試的第二題題目是「哺乳動物的分類及特性」，出題的仍然是諾爾教授。孟德爾根據自己從前讀過的一本動物學教科書來答題，然而，他不知道，諾爾教授在一年前也出了一本教科書，裡面對哺乳動物的分類更為詳盡。這一回，諾爾教授沒讓他通過倒是公平的，因為他的回答顯得很雜亂，似乎心情很緊張，思緒不能集中。

口試時，在場的除了鮑嘉那教授和諾爾教授外，還有四位教授，他們一致認為考生對許多科學知識的了解不夠深入，不過他

們也一致認為考生靠自學而能有這樣的成績，已經很難得了。

　　沒通過資格考試，是孟德爾意料中的事，可是奈勃院長卻難以接受，他認為以孟德爾的科學知識教高中學生應該是足夠的，他寫了一封信給考試機構，想知道孟德爾沒有通過考試的原因。鮑嘉那教授的回信來得很快，信裡對孟德爾十分稱讚，他說孟德爾無疑是個科學人才，值得好好栽培，建議奈勃院長讓孟德爾去維也納大學進修。當時這位名教授已經是商業部的部長，他這麼看重孟德爾，使得奈勃院長非常高興。

　　太好了，能去維也納大學讀書，這是孟德爾夢寐以求的機會啊！

在維也納大學的日子

奈勃院長以往也曾送過修士

們到大學裡修習文學、哲學、藝術和音樂等課程，他徵詢了主教的意見，主教基本上同意讓孟德爾到維也納大學進修，不過他提出了兩個條件：第一，孟德爾不能和其他大學生住在一起。第二，孟德爾在修道院外仍須遵循教會的清規。

維也納的修道院不少，奈勃院長原先以為要找一個讓孟德爾借住的地方應當不成問題，沒想到，所有修道院都回信說已經額滿，沒有空位。眼看大學開學已將近一個月了，居處還沒有著落，奈勃院長很著急，決定讓孟德爾去了再說。

這一回，坐火車到維也納的路上，孟德爾真是滿心歡喜。雖然維也納是個花花世界，誘惑人的東西很多，可是奈勃院長知道孟德爾是個潔身自愛，極有定力的人，對他十分放心。

　　到了維也納，孟德爾費了好幾天功夫，才在一所修女院附近租到一間公寓，公寓離學校相當遠，每天步行來回得花不少時間，可是孟德爾一點也不覺得辛苦。能到維也納大學來進修，他覺得自己幸運極了。

　　有了居住的地方以後，孟德爾第一件事便是去拜訪鮑嘉那教授。奈勃院長有一封信要他交給鮑嘉那教授，同時，他自己也要向鮑嘉那教授表達謝意。

　　「我就知道奈勃院長一定會讓你來的，我們倆都有同樣的毛病——捨不得浪費一副好頭腦！」鮑嘉那教授一邊讀信，一邊高興的對孟德爾說。

　　「想好了要修些什麼課沒有？」鮑嘉那教授問他。

　　「物理，喔，還有植物學、動物學、考古學，讓我想想，還有化學……」

「年輕人，別太貪心，慢慢來，一下子吃得太多是會消化不良的。」

這位退休教授建議他：「依我看，你第一年先修物理和數學，第二年，修植物學、動物學。至於考古學和化學，你可以根據開課的時間，搭配著修。」

由於曾在維也納大學教過書，鮑嘉那教授對學校的師資十分了解。他有心讓孟德爾接觸到最好的教授，建議孟德爾上都卜勒教授的物理學，恩格爾教授的植物學，諾爾教授的動物學，這位諾爾教授就是沒讓孟德爾通過教師資格檢定考試的那位考官。

在維也納大學的兩年裡，孟德爾如飢似渴，拼命的吸收各種知識。都卜勒教授發現了物理學上的都卜勒效應，是一位赫赫有名的大牌教授，孟德爾的好學不倦給了都卜勒教授很好的印象，

所以雖然來晚了一個月，都卜勒教授仍然很器重他，請他做課堂上的實驗示範助手，孟德爾覺得十分光榮。後來，都卜勒教授由於健康問題而離開了維也納大學，接替他的是以排列組合理論著名的愛汀蕭森教授。這些物理課的內容，讓孟德爾開了眼界，讓他學習到如何做實驗，如何找出問題的答案，如何從數學的角度來分析實驗結果等，這些方法，使孟德爾日後受益無窮。

在圖書館裡，孟德爾讀到了一本鮑嘉那教授的著作，在這本書裡，鮑嘉那教授提到了他對發現自然法則的看法。他認為，自然界是依循著一定法則運作的，研究科學，不外乎是要設法把這些法則找出來，並能合理的加以解釋。至於如何才能把自然界奧祕的法則找出來呢？鮑嘉那教授說：「小心謹慎的實驗便是尋找自

然界法則的不二法門。」孟德爾仔細研讀了這本書，覺得很有道理，他想，的確，在自然界裡，有很多看似平常、大家都認為當然的事，一定是遵循著某種法則在運行的，只是從來沒有人去深究罷了。

　　孟德爾也修習了植物生理學方面的課程，教植物生理學的恩格爾教授是細胞理論方面的大師級人物，他對孟德爾的一生有啟發性的影響。那時候，「生物是由細胞組成」的理論才剛剛形成，科學家們對細胞的繁殖方式並不清楚，各種不同的理論都還沒有得到證明。恩格爾教授認為細胞不是自然長成，是靠「分裂」繁殖的。在當時歐洲的宗教社會裡，人們認為世界是上帝創造的，所以生物雖然生生不息，可是物種一直和原先一樣，不曾發生改變。恩格爾教授不同意這

種說法，他認為生物一代一代延續時，並非一成不變；這種說法，違背了《聖經》裡的解釋，被人認為「離經叛道」，引起許多人的攻擊。孟德爾贊成恩格爾教授的說法，他想，既然地球的表面會隨著時間改變，地球上的生物又怎麼可能不發生變化呢？恩格爾教授主張，如果把數學法則應用在生物實驗上，統計發生的數量，應能給人很好的啟示。孟德爾也十分同意恩格爾教授的這個想法。

　　教動物學的考來教授介紹孟德爾參加維也納動植物學會。每次動植物學會開會，科學家們上臺發表論文，講述自己的實驗結果時，孟德爾總是聽得入迷，同時也覺得很羨慕。他想:「有朝一日，我也要像他們一樣，發表出有價值的實驗結果。」

　　在維也納大學的日子過得忙

碌而充實，孟德爾為了把握這個難得的進修機會，選修的課程超過正常數量，而且這些科目都是需要上實驗課的，極花時間，所以孟德爾每天都忙得不可開交，就連放假時，也常常等不及假期結束，就從修道院匆匆趕回維也納去。

在植物生理學的實驗課裡，孟德爾結識了一位志同道合的好朋友——奈維。奈維和孟德爾一樣，醉心於生物學，同時深深體會到實驗對科學研究的重要性，兩人十分談得來。

泰瑞莎的婚禮

1852 年 10 月，妹妹泰瑞莎要結婚了。婚禮前十多天，孟德爾放下手邊的一切，回到亨茲德弗的姐姐和姐夫家。當初若不是泰瑞莎放棄嫁妝讓他讀書，哪裡會有今日的自己呢？對於妹妹，孟

德爾心裡一直充滿感激，也一直覺得虧欠。如今，泰瑞莎要結婚了，孟德爾終於放下心裡的一塊大石頭。

父母親為了這件喜事也特地趕到亨茲德弗。他們自從把農地賣給了孟德爾的姐夫後，就離開了亨茲德弗，到附近一個小鎮裡養老。許久沒見面，孟德爾發現父親瘦了許多，也衰老了許多，母親原來圓胖的臉頰也不再飽滿了。倒是姐姐維若妮卡這幾年因為婚姻幸福，顯得開朗了許多。最開心的當然是泰瑞莎，她像一隻快樂的小鳥，飛來飛去，屋子裡到處都是她銀鈴似的笑聲。

未來的妹婿辛德勒看起來不但聰明體面，對泰瑞莎也十分體貼，讓孟德爾感到非常安慰。他想：「瞧，泰瑞莎不但沒有嫁不出去，還嫁了這麼一個理想的夫婿！」

　　在這段短暫的相聚時間裡，孟德爾盡量陪在父母身邊。父母親從來沒有去過維也納，他們最喜歡聽孟德爾描述維也納的種種，像是：美麗的維也納森林，環繞在四周的群山，莊嚴的聖史蒂芬大教堂，維也納大學的教授們和完善的設備等等。

　　當父親聽說有一位教授專門研究昆蟲，還在實驗室裡飼養菜白蝶時，不禁驚異的瞪大了眼睛說：「菜白蝶是討厭的害蟲啊，田裡到處都有，趕都趕不走，大學裡竟然還要飼養牠們？」孟德爾說：「就是為了要消滅牠們，所以才需要了解牠們的生長習性啊。」聽了兒子的解釋，父母親都流露出滿意的神情。

　　母親一輩子沒有出過亨茲德弗方圓十幾里的地方，滿心好奇的問東問西，孟德爾生動的回答，讓她覺得快樂而滿足，眼睛

都發亮了。

泰瑞莎的婚禮在教堂裡舉行，婚禮後，就在新郎家的院子裡設宴。全村的人幾乎都來了，宴會之後，提琴師奏起了美妙的舞曲，人們開始繞著圓圈跳舞。在快樂熱鬧的氣氛裡，連母親也拉著步履蹣跚的父親，忘情的跳起舞來。

眼前這美好的一切是多麼令人珍惜，下一次的聚會將是什麼時候呢？啊，希望還能有下一次。孟德爾看著年邁體衰的父親，眼角不禁溼潤起來。

現代學校

日子過得飛快，1853 年 7月，孟德爾結束了維也納大學的兩年進修，回到修道院裡，在布倫市附近的高中擔任代課教師，教物理和自然科學。那時候，布倫市有一群有名望的紳士創立了

一所新的高中，名叫「現代學校」，以注重科學教育為號召，對數學和自然科學特別重視。當時，歐洲社會正迅速的邁向工業化，急需科學人才，很多父母都願意把他們的孩子送到這所新學校裡來，因此學校擴展得很快，校長歐斯俾正急於物色新老師。有一天，歐斯俾校長問教自然科學的馬考斯基老師有沒有聽說過一位叫孟德爾的老師。

「孟德爾，您是說那位神父嗎？我聽說他才從維也納大學進修回來。」馬考斯基老師說。

「是啊，就是他。你對他知道多少？」

「我聽說他是位好老師。」

「是啊，我也聽說學生很喜歡他。我想請他來我們學校教書，你覺得怎麼樣？」

「好啊，我贊成。他剛從大學進修回來，又有教書的經驗，

我想應該很合適。」

　　就這樣，1854年，孟德爾開始了在現代學校的教書生涯。除了教書，孟德爾還負責管理學校的自然科學博物館，這也是他有興趣而喜歡做的事，因而工作得十分起勁。

　　孟德爾在現代學校一待就待了十四年，在這裡，他認識好幾位對自然科學有興趣的同事，尤其是馬考斯基老師，後來成了孟德爾極好的朋友。

　　在現代學校以及附近的布倫技術學院，有不少老師除了教書，還從事科學研究，他們都是摩拉維亞西里西亞農業學會自然科學組的成員，大家時相來往，覺得十分投合。就在孟德爾來到現代學校前不久，歐斯俾校長請來了一位赫赫有名的大學教授──物理學者查瓦德斯基。由於政府認為查瓦德斯基和學生政治

運動有關，強迫他離開了原來的
教職。查瓦德斯基來到現代學
校，學校裡的同事們都很興奮，
從前，他們都讀過查瓦德斯基的
研究論文，沒想到現在竟能和他
成為同事！

　　查瓦德斯基的研究範圍很
廣，包括植物學、動物學、考古
學、氣象學等，他的研究方法、
教學方式都受到學生的歡迎和讚
賞，對學生的影響很大。他來到
現代學校後不久，就在學校出的
年度刊物上發表了一篇精彩的文
章，題目是〈目前自然科學研究
的要務〉，長達十六頁，闡述自
然科學對人類的重要，鼓勵大家
研究自然科學。這時候孟德爾正
在進行豌豆雜交實驗的準備工
作，對於這篇文章的論點十分贊
同。能和這麼一位大師一起工
作，孟德爾深感慶幸。

　　學生們很喜歡孟德爾，有時

他們會在星期六結伴到修道院來拜訪這位神父教師。孟德爾總會帶這些十多歲的男孩們參觀修道院的植物園，欣賞園裡來自世界各地的奇花異草，當然，孟德爾也不會忘了帶他們參觀他正在進行的豌豆雜交實驗。學生們看到那些被他剪去了花瓣，只剩下雄蕊或雌蕊的豌豆花，總是十分好奇，他也藉機灌輸他們一些有關植物雜交的知識。

在現代學校裡，孟德爾是唯一的臨時教師，同事裡除了他，每個人都通過了教師資格檢定考試，為此，孟德爾心裡總覺得不是滋味。第二年，他去找歐斯俾校長，告訴校長他想去參加教師資格檢定考試。歐斯俾校長是個務實的人，他知道資格檢定考試往往流於八股，如果不照主考官的意思回答，他們就不讓考生通過。歐斯俾校長對孟德爾說：「其

實，我一點也不在意你有沒有教師證書，我知道你是個好老師，這就夠了。」他還說:「你放心，即使你沒有教師證書，我每年都還是會續聘你的。」然而，儘管歐斯俾校長一再表明他不在乎教師證書，孟德爾還是不死心，幾個星期後，孟德爾又對校長舊話重提，表明他想參加考試的意願。

歐斯俾校長於是寫了一封推薦信，讓孟德爾附在他的申請書裡。和上回的考試一樣，在以通信方式考完第一部分論述題後，教育部來了通知，要他去維也納考第二部分的筆試及第三部分的口試。

1856 年 5 月，孟德爾又匆匆趕往維也納去應考，這一年，他三十四歲了，比起上次，成熟了許多，也幹練了許多，科學方面的知識更充實了許多。這一次，他信心滿滿的去應考，可是，當

他把自己的想法和研究心得誠實的寫了出來時，主考官們對他的答案卻不滿意，認為「不夠標準」。

農家出身的孟德爾有著農人的誠實和固執，在口試過程中，當他理解到主考官們要的是八股答案時，仍然不願意改變自己的答案去遷就他們。其實這時候，他已經是維也納動植物學會的會員，每次收到期刊，都很仔細的研讀，同時他也已經開始進行動植物的雜交實驗，能夠以實驗結果支持自己的答案。可是，那些考官們還是固執己見，不肯接納他的想法。

這次的考試委員裡沒有鮑嘉那教授，考官裡更沒有一個願意為他講話的。孟德爾對自己的實力已經很有信心，可是沒有一位考官願意試著理解他的看法，他覺得，這樣的考試沒有意義，他

不需要靠通過這樣的考試來證明自己，於是在進行口試時，孟德爾平靜的請求撤回資格檢定考試的申請，毅然離開了考場。

回到現代學校後，孟德爾把他的遭遇告訴了歐斯俾校長，「我以為一個受過科學教育的人應該要有客觀的態度，沒想到他們卻非常主觀，完全無法容忍不同的看法。」

校長說：「我不是早就告訴過你了嗎？他們要聽的只是標準答案。」

此後，孟德爾不再提參加考試的事。以後的十二年裡，他一直是現代學校的臨時教師。

5 豌豆雜交實驗

準備實驗

長久以來，人們已經知道以雜交的方法來改良果樹。如果一株蘋果樹的果子特別甜，而另一株蘋果樹的果子特別大的話，農夫們會設法以果子特別甜的蘋果樹和果子特別大的蘋果樹來雜交。他們會把果子特別甜的樹種的花粉輕輕的刷在果子特別大的樹種的雌蕊上，或是把果子特別大的樹種的花粉刷在果子特別甜的樹種的雌蕊上，希望能夠培育出果子又大又甜的新品種。但是這種作法，有時成功，有時失敗，要看「運氣」好不好來決定。

對於雜交育種成功與否全靠「運氣」來決定的說法，孟德爾

向來覺得不能接受。在維也納大學進修的時候，教授們都很重視實驗，認為理論一定要由實驗來證實，若是沒有成功實驗的支持，理論便不能成立。鮑嘉那教授更在他的一本著作裡說，大自然是遵循一定法則運行的，科學家的任務，便是將這些法則找出來，而尋找法則最好、最有效的方法便是做實驗。他的這一番話，給了孟德爾很大的啟發。孟德爾想，雜交育種的成功或失敗，一定有它成功或失敗的道理，絕不是「運氣」兩個字就能夠解釋得了的。他告訴自己：「也許我能以實驗來探討出雜交的法則也不一定。」那時候，他的功課很忙，可是這個想法不時在腦海裡浮現，使他躍躍欲試。所以等維也納大學為期兩年的進修結束後，孟德爾一回到修道院，便迫不及待的著手進行實驗的準備。

　　孟德爾想，其實不只是植物，動物以及人類的遺傳不也都是謎嗎？同一對父母所生的子女，相貌和性情都各自不同。就拿自己的家人來說吧，姐姐維若妮卡長得像父親，性情也像父親，比較悲觀；妹妹泰瑞莎長得像母親，性情也像母親，樂觀開朗；而他，既像父親也像母親：做事條理分明像母親，小心謹慎像父親。他認為這裡面一定也有它的道理。可是，要如何著手才能順利找出這個道理呢？

　　最初，孟德爾曾經嘗試以老鼠作為實驗素材，他捉來一隻白老鼠，把牠和一群黑老鼠養在一起，想看看牠們會生出什麼顏色的老鼠來。不幸這個實驗才進行不久，就碰上主教來修道院裡視察，主教在孟德爾的房間裡發現了鼠糞，進而得知孟德爾正在進行老鼠雜交實驗，主教認為以哺

乳類動物做雜交實驗不適合神父的身分，孟德爾只好放棄了。

不用動物，就只能用植物了。植物的種類這麼多，哪一種最適合呢？作為一位科學研究者，很重要的一點，就是參考前人的經驗。孟德爾買了一本記載植物雜交實驗實例的書，作者名叫嘉德納。

嘉德納是一位醫生，但是對植物雜交極有研究，平時他只要能抽得出時間，便進行育種實驗。那時候，荷蘭科學學會希望科學家們能研發出一些品種優良而具有商業價值的園藝作物，特地以「植物雜交育種」為主題，舉辦論文比賽。嘉德納住在德國的一個偏遠小鎮裡，消息閉塞，一直到六年以後，才聽說這件事。那時，比賽的報名日期早已截止，不過由於連一個來報名的人也沒有，學會便非常高興的接

受了他的參賽。由於沒有競爭的對手，嘉德納的論文理所當然的得到了第一名。然而嘉德納並不以得獎為滿足，在那之後，他花了十一年的時間，把自己做過的七百種植物，上萬個雜交實驗的結果，寫成一本書，自費出版，書名是《植物雜交實驗與觀察》。嘉德納那時已經上了年紀，這本書出版後不久就去世了。

後來達爾文讀到這本書，覺得作者提供的經驗非常有價值，孟德爾在維也納大學讀書時，恩格爾教授在課堂上也曾經稱讚過這本書的實用性。

孟德爾依照嘉德納書中記載的方法，做了好幾項雜交實驗，所得到的結果卻與嘉德納的並不相同，使他不禁想起人們「雜交成功與否是靠運氣決定」的說法。看起來，他的「運氣」和嘉

德納的確實有異。接著他又想：
「可是，之所以會有不同的運氣，很可能是因為雜交原來就會產生許多不同結果的緣故，如果當初嘉德納種植的數量夠多的話，或許也會產生我所得到的結果也不一定。」

在孟德爾的時代，包括嘉德納在內的一般人，做雜交實驗，都止於一兩代。但孟德爾覺得雜交是相當複雜的，如果只做一兩代，很難稱得上「完整」，他認為，雜交實驗應該要繼續做到數代以後，而且數量要多，才能看出它們的遺傳方式。這樣的作法，自然需要花費很長的時間，投注很多的精力，因此必須選用生長期短而人工授粉容易的植物作素材。

孟德爾很仔細的讀了嘉德納的書，發覺豌豆是很好的選擇，因為豌豆的生長期短，一年可以

收成兩次，花大，雌蕊雄蕊都很明顯，人工授粉操作比較容易。同時，豌豆的種類很多，有許多不同的特性可以供人挑選。

決定選用豌豆後，孟德爾認為所用的豌豆種子必須符合下列條件：

1. 純種──後代世世代代都有和父母代相同的特性。如果不是純種，後代的特性就無法預測。

2. 雜交後能產生健全的種子──如果雜交出來的種子不健康，或者根本結不出種子，就無法繼續培育後代，自然也無法觀察子代的生長狀況了。

孟德爾從種子店裡買來三十四種特性明顯，號稱純種的豌豆種子，花了兩年的時間，培育觀察了好幾代，他發現三十四種裡有二十二種符合上面兩個條件。

從這二十二種豌豆裡，孟德

爾選出了七對特性鮮明的豆種：
(1)光皮豆和皺皮豆、(2)黃色豆和綠色豆、(3)高生豆和矮生豆、(4)花生於葉腋間和花生於頂端、(5)綠色豆莢和黃色豆莢、(6)豆莢表皮光滑和豆莢表皮凹凸不平、(7)豆衣顏色棕灰和豆衣顏色發白，準備用它們來進行雜交實驗。

開始實驗

孟德爾先以光皮豆與皺皮豆兩種豌豆來進行雜交。

豌豆是自花傳粉的植物，一朵豌豆花裡有雌蕊也有雄蕊，花的形狀像個小帽子，弧形的花瓣把它的生殖器官 —— 雌蕊、雄蕊及花房 —— 保護得很好。雄蕊上有粉囊，粉囊裡有花粉，花粉就是豌豆的雄性細胞。當雄蕊成熟時，粉囊會自動裂開，使花粉爆出，沾在雌蕊上，經過管道到達花房裡。花房裡有六或七粒小小

的花卵，這就是它的雌性細胞，當花粉接觸到花卵時，會與花卵結合，這時候，一個個豌豆（也就是種子）就開始逐漸形成。在正常情況下，粉囊裂開的時候，花朵還沒打開，也就是說，當風和昆蟲還沒有機會把別的豌豆花的花粉帶過來的時候，自花傳粉已經完成了。

雜交實驗，必須防止自花傳粉發生的可能性。孟德爾採用的方法是：在花粉還沒成熟時，便將豆株上所有花朵的花辮全都剪掉，然後以鑷子將雌蕊或者雄蕊掐掉，於是一株豌豆裡不是全部只有雌蕊，便是全部只有雄蕊，這麼一來，當然不可能自花傳粉了。沒有了花辮的豌豆花是需要保護的，孟德爾把它們用一個個小布袋罩起，以免昆蟲和風把其他豌豆花上的花粉帶過來，造成污染。

　　孟德爾想，雄蕊雌蕊對種子的作用可能有所不同，為了避免因此而造成偏差，在光皮豆的豆株裡，他把其中一半豆株上的雌蕊全部剪掉，再把另一半豆株上的雄蕊全部剪掉，同樣，在皺皮豆的豆株裡，他也把一半豆株上的雌蕊全部剪掉，再把另一半豆株上的雄蕊全部剪掉。幾天後，花粉成熟了，他用一種以極細的駱駝毛做成的毛筆，一朵一朵的，沾上一株光皮豆雄花的花粉，塗在另一株皺皮豆雌花的花蕊上；然後，把筆洗乾淨了，再沾上一株皺皮豆雄花的花粉，塗在另一株光皮豆的雌花花蕊上。

　　人工授粉做完後，孟德爾再用小布袋將每一朵花包住。

　　5月的季節，天氣很溫和，可是這樣一朵一朵的操作，一路下來，讓孟德爾不禁滿頭大汗。為了完成實驗，他一點也不覺得

辛苦，只是他向來有過敏的毛病，很怕吹風，風一大就會頭疼。後來他想到一個好辦法，在附近的樹上，掛起一個風鈴，只要一聽到鈴聲，他便趕緊把罩袍上的帽子掀起，戴在頭上。

當豆莢成熟時，孟德爾迫不及待的把它們一一打開，發現無論是皺皮豆的雄蕊與光皮豆的雌蕊雜交，或是光皮豆的雄蕊與皺皮豆的雌蕊雜交，它們所產生出來的豌豆都是光皮的，孟德爾很驚訝，心想：「連一個皺皮的都沒有！這樣的結果實在令人難以相信，難道皺皮的特性就從此不見了嗎？」由於後代全都是光皮豆，看起來，不管雄蕊來自光皮豆或皺皮豆，或是雌蕊來自光皮豆或皺皮豆，都不會造成種子的差異，也可以說，花粉和花卵對種子的貢獻是一樣多的。

但是，孟德爾不相信皺皮的

特性真的消失了，他決定把這些雜交所得到的光皮豆種在土裡，來繁殖下一代。

第二代豌豆很快的長大開花，這一回，孟德爾種下的豆子，都是雜交出來的雜種，不像上一代是純種。既然是雜種，自花傳粉就可以了。自花傳粉，老天爺是能手，因此無需再用人工操作，花苞長出後，只要將每一朵花用小布袋紮上，就可以等著收成了。

在孟德爾熱切的盼望下，豌豆終於成熟，當他迫不及待的剝開豆莢，發現這回結出的豆子裡，有光皮的，也有皺皮的。

「哈，皺皮的特性出來了！」孟德爾高興的想著：「多麼奇妙啊！誰會想到這些小到肉眼都看不清的花粉裡，竟包含著大自然的奧祕哩！」

「這麼看來，皺皮的特性雖

然在第一代雜交豆裡沒有出現，但是仍然存在，只是被遮蓋了，顯現不出來。那麼會不會光皮是『顯性』，而皺皮是『隱性』呢？可不可能只要豆子裡含有屬於顯性的光皮因子＊，豆子的外觀便是光皮的，只有在豆子裡完全沒有光皮因子的時候，屬於隱性的皺皮因子才會顯現出來呢？」孟德爾興奮的繼續思考著。

　　孟德爾還注意到另外一個有趣的現象：光皮豆與皺皮豆雜交出來的後代裡，不是光皮，便是皺皮。沒有一顆豌豆是半光半皺的。當時一般專家都認為雜交出來的後代特徵會「混合」，「如果真是如此，」孟德爾想，「這些豌豆裡，至少應該會有一些半光半皺的豆子才對。由此看來，光皮與皺皮這兩種特性並沒有混合

 放大鏡

＊孟德爾所說的「因子」就是後來所稱的「基因」。

豌豆雜交

純種光皮豆

純種皺皮豆

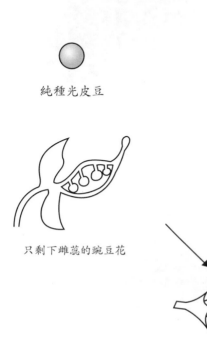

只剩下雌蕊的豌豆花

人工授粉 ←

只剩下雄蕊的豌豆花

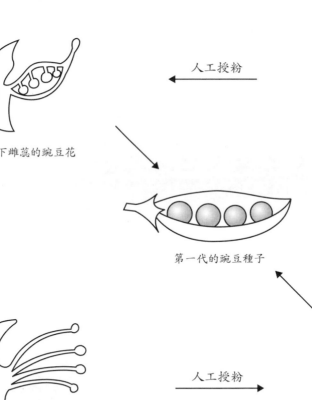

第一代的豌豆種子

只剩下雄蕊的豌豆花

人工授粉 →

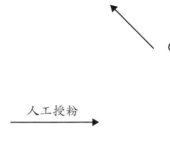

只剩下雌蕊的豌豆花

雜交第一代所得的光皮豆

種
植

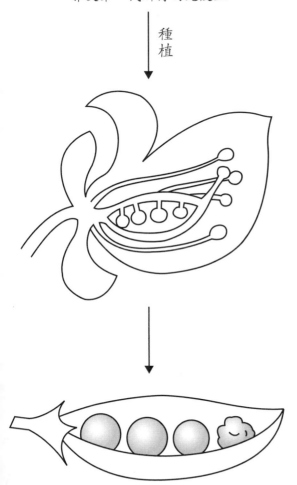

花粉與花卵在花朵中發生授粉
（自花授粉）。

第二代的豌豆種子有光皮的也有皺皮的，
光皮與皺皮的比例為3：1。

的現象。」

孟德爾把光皮與皺皮的豌豆數量加以計算，他發現第二代收成的 7324 顆豌豆裡，有 5474 顆光皮豆， 1850 顆皺皮豆。光皮豆數目約為皺皮豆數目的三倍。他心想:「如果光皮是顯性，那麼這些光皮豆裡，有些可能像它們的父母代一樣，也含有皺皮的因子。而皺皮豆裡，應當沒有光皮因子，否則就不會表現皺皮外觀。由於只要豌豆裡含有光皮因子時，就會呈現光皮外觀，所以光皮豆的數量比皺皮豆多得多。」

「多麼有趣的結果啊！」孟德爾自言自語道:「只要繼續不斷實驗，細心的觀察結果，我一定會找到雜交的法則的。」

雙親去世

1857 年，在孟德爾開始豌豆實驗一年以後，孟德爾的父親去

世了。噩耗傳來，他立刻趕回西里西亞父母親的家裡。維若妮卡和泰瑞莎都已經先他而到，母親、姐妹們見到孟德爾，忍不住抱著他痛哭，母親說:「你父親受傷後，表面上雖然痊癒了，可是身體裡面並沒有復原，總是這兒痛那兒痛的，很少有舒服的時候。從今以後，他應該不會再疼痛了吧?」

父親喜歡園藝，退休以後，種植花草便成了他的正事。孟德爾抬眼望去，見父母親簡陋的小屋，圍繞在一片姹紫嫣紅裡。母親說:「你瞧，你父親的花種得多好，屋前的那幾盆晚櫻花還是他去世前幾天才種的呢!」

這段時間裡，孟德爾見到母親動不動就傷心流淚，身為神父的他，便常常設法開導母親，帶著母親一起祈禱，讓她覺得心裡好過一點。維若妮卡和泰瑞莎都

勸母親和她們一起回亨茲德弗，可是任她們怎麼勸說，母親都不動心，她堅持道:「不，我不能給你們添麻煩，而且這裡是你們父親和我的家，我不離開這兒，我要留在我的家裡!」

對於父親的去世，孟德爾心裡有說不出的難過，回想當初在那麼艱難的環境下，父親仍堅持不讓他輟學。他今天能成為一名教師，可以說是父母以犧牲換來的。父親母親為他所做的，他除了感激，實在無以回報了。

辦完了父親的喪事，回到修道院裡，孟德爾心情低落，好一陣子都覺得無精打采。

有一天，孟德爾來到他的豌豆園裡，只見綠油油的豌豆叢裡，開滿了白色紫色的花朵，它們一朵朵仰著臉蛋，好像在對他擠眉弄眼的說:「你看你，不是說要我們趕快長大的嗎？我們等你

很久了，忍不住都開花了！」

　　孟德爾又開始投身在他的豌豆實驗裡。做實驗，讓他的精神有了寄託。工作之餘，抬頭四望，蔚藍的天空是那麼澄澈美麗，綠油油的草地是那麼柔軟可愛。對於出身農家的他，有什麼能比泥土和汗水更令人感到親切和熟悉呢？在大自然的懷抱裡，孟德爾心靈的傷痛終於漸漸平復。

　　經由不停的種植豌豆和做實驗，孟德爾已讓他的豌豆園成了修道院裡的一景：小小一塊二十三英尺寬，一百一十五英尺長的園地裡，種滿了豌豆。為了節省空間，他以木棍、樹枝等插在地上做支架，也用繩子做成網絡，讓豆苗得以攀緣。在開花季節，豆株上紮滿了各種顏色的小布袋，來修道院裡參觀的人都會停下腳步，好奇的觀看。有的時

候，這位神父還會躲在濃密的豌豆叢裡，出其不意的跳出來嚇人，把大家逗得哈哈大笑。

父親死後，母親的健康也迅速的衰退，令孟德爾十分擔心，他盡可能繼續從他為數不多的臨時教員薪俸裡省下一些錢來，寄給姐姐和妹妹，希望她們能盡量設法讓母親生活得舒服些。然而，母親似乎完全沒有好好照顧自己的意願，每天在悲傷中度過，生病了也不去看醫生。兩個女兒都很心痛，一再要她搬去與她們同住，可是母親就是不答應。

1862 年，在父親逝世後的第五年，母親也去世了。

母親的死，給了孟德爾很大的打擊。對於母親，孟德爾向來懷著無限依戀。一想到母親，腦海裡就出現她紅潤的臉蛋，俐落的身影。由於母親的支持，他才

能達成讀書的心願，而她也一直以他為榮，可是，他卻什麼也沒能為她做啊！從他在豌豆雜交實驗上有了初步的發現開始，孟德爾就對自己能找出大自然雜交的法則充滿了信心，有無數次，他幻想著在他的重大發現受到了他人的肯定以後，母親驚喜欣慰的神態。好幾次，他幾乎可以感到母親那溫熱的臂膀環繞著他，有時甚至聽到母親的話在耳邊縈繞：「兒子，我就知道，有一天，你會讓人刮目相看的！」但現在，母親走了，她還沒有來得及分享他的光榮便離開了他，成了他莫大的遺憾。

料理完了母親的喪事，孟德爾把小屋前盛開的晚櫻花連盆帶回修道院，放在自己的窗口。看著那深紫色的花朵，彷彿見到了父母親相互扶持，一同賞花的身影。

重大發現

時間在豌豆的播種和收成間流過，一本又一本的筆記簿堆砌得越來越高，筆記簿裡面，密密麻麻的數字，是只有孟德爾自己才看得懂的豌豆雜交紀錄。豆子越結越多，豆株的數量越來越大，種植工作也越來越繁複。

當初在光皮豆和皺皮豆雜交所生的第二代裡，孟德爾注意到光皮豆的數目是皺皮豆的三倍。如果讓這批豌豆再自然繁殖，它們的下一代是光皮還是皺皮呢？比例又將如何呢？

當孟德爾將這些第二代的豆子播種後，任它們自然生長、自花授粉，結果發現皺皮豆的豆株，結出來的豆子全都是皺皮豆，光皮豆的豆株，有的整株全生光皮豆，有的生光皮豆也生皺皮豆。經過仔細比對，孟德爾發

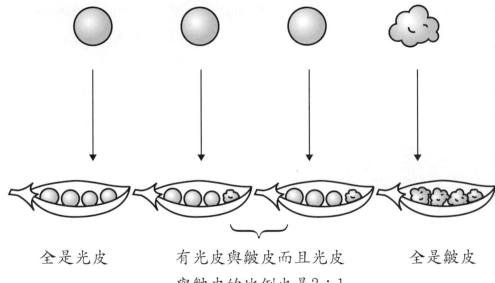

雜交第二代的豌豆種子
光皮與皺皮的比例為3：1

全是光皮　　　有光皮與皺皮而且光皮　　　全是皺皮
　　　　　　　與皺皮的比例也是3：1

將第二代所得的豌豆再行種植，孟德爾發現皺皮豆全生皺皮豆，而
光皮豆的豆株有3分之1全生光皮豆，3分之2生光皮豆也生皺皮豆，
而且光皮豆與皺皮豆的比例也是3：1，和第二代的情況相同。

現全生光皮豆的豆株是所有光皮豆豆株的三分之一，三分之二豆株生光皮豆也生皺皮豆，更巧的是，這些光皮豆與皺皮豆的比例也是 3：1 。

「這會不會是光皮豆及皺皮豆雜交所具有的獨特現象呢？」為了進一步的求證，孟德爾開始以同樣的方法，用具有其他特性的豌豆做實驗。

孟德爾把他的每一個實驗都做了詳細的紀錄，他以七對不同特性的豌豆做實驗，結果顯示後代都有顯性和隱性的區別，而且顯性和隱性的比例也都是 3：1 。

孟德爾相信，這樣的結果不是巧合，是根據自然界的法則發展出來的，可是，自然界的法則又是什麼呢？

煤氣燈下，他把自己做的實驗結果一再比較、一再研究，終於發現原來認為是 3：1 的比例，

特　性	顯　性	隱　性
1.豆子形狀：光皮豆和皺皮豆	光皮豆	皺皮豆
2.豆子顏色：黃色和綠色	黃色	綠色
3.豆株高度：高生和矮生	高生	矮生
4.花的著生位置：腋生和頂生	腋生	頂生
5.豆莢未成熟時的顏色：綠色和黃色	綠色	黃色
6.豆莢形狀：光滑和凹凸	光滑	凹凸
7.豆衣顏色：棕灰和發白	棕灰	發白

表1　七對特性不同的豌豆雜交結果

其實正確的來說，應當是1:2:1。

　　孟德爾發現，光皮豆與皺皮豆雜交，第一代全是光皮豆，而第二代所生的光皮豆與皺皮豆，比例雖為 3:1 ，但是光皮豆裡，純種光皮豆（後代全是光皮豆），三分之二是雜種光皮豆（後代有光皮豆也有皺皮豆）其實只占三分之一。

　　孟德爾於是推測，控制豌豆特性的因子應當是成對存在的，但是花粉細胞及花卵細胞形成的時候，這一對因子會自動分開，

也就是說，花粉細胞及花卵細胞裡，都只有一個因子，當傳粉發生時，花粉細胞與花卵細胞發生融合，發育為種子後，才會再度含有一對因子。

以純種光皮豆與純種皺皮豆雜交，第一代種子雖然外形都是光皮豆，但是實質卻和上一代的純種光皮豆不同，裡面含有皺皮豆的特性。如果以 A 和 a 分別代表光皮和皺皮的特性因子，那麼純種光皮豆含有兩個光皮因子（AA），由於只有光皮因子，所形成的花卵和花粉自然全是含有光皮因子(A)的；純種皺皮豆裡含有兩個皺皮因子(aa)，既然只有皺皮因子，所形成的花卵和花粉自然都是皺皮因子(a)的。

如果以純種光皮豆與純種皺皮豆雜交，所結出來的豌豆必然全都是雜種（Aa），裡面含有光皮因子，也含有皺皮因子；不過由

於光皮因子是顯性，這批雜種豆看起來都是光皮的。若是將它們播種，當這批因子為Aa的豆株長大後，形成花粉及花卵時，A和a的兩個因子會分開，這時候，花粉和花卵就可能含光皮因子(A)，也可能含皺皮因子(a)。因為這兩種特性是獨立存在的，所以花粉或花卵裡含光皮因子和含皺皮因子的機會均等。我們可以把花卵或花粉細胞含光皮或皺皮因子的機會，想成是蒙著眼睛從裝有一個白球和一個紅球的盒子裡取球，取到紅球或白球的機會都是50%。同樣的，花卵或花粉細胞裡含光皮及皺皮特性的機會也都是50%。

　　既然花粉或花卵中都有可能含有A或a，那麼當花粉或花卵結合，發育為種子時，種子裡面就有可能含有AA，Aa，aA或aa。由於aA與Aa相同，所以AA，Aa與

純種光皮豆(AA)

純種皺皮豆(aa)

人工授粉

所有的花卵都含
光皮因子(A)

只剩下雌蕊的豌豆花

所有的花粉都含
皺皮因子(a)

只剩下雄蕊的豌豆花

A×a

第一代的豌豆種子

所有的豆子都含有
光皮和皺皮因子(Aa)

a×A

人工授粉

所有的花粉都含
光皮因子(A)

只剩下雄蕊的豌豆花

所有的花卵都含
皺皮因子(a)

只剩下雌蕊的豌豆花

雜交第一代所得的光皮豆(Aa)

種
植

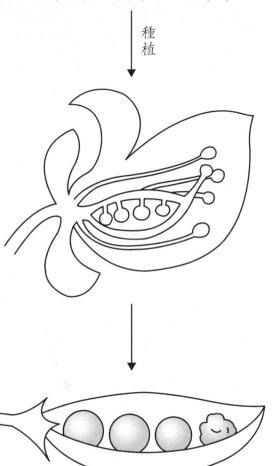

花粉中可能含有光皮因子(A)
也可能含有皺皮因子(a)，花卵
中可能含有光皮因子(A)，也
可能含有皺皮因子(a)。

花粉與花卵在花朵中發生授粉
（自花授粉）。

花卵

		A	a
花粉	A	AA	Aa
	a	aA	aa

種子有AA、Aa、aA、aa的情
形，由於「A」是顯性，AA、
Aa及aA都是光皮，只有aa呈現
皺皮外觀。

第二代的豌豆種子有光皮的也有皺皮的，
光皮與皺皮的比例為3：1。

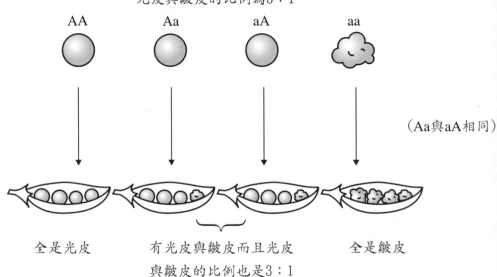

雜交第二代的豌豆種子
光皮與皺皮的比例為3:1

AA　　　　Aa　　　　aA　　　　aa

（Aa與aA相同）

全是光皮　　有光皮與皺皮而且光皮　　全是皺皮
　　　　　與皺皮的比例也是3:1

將第二代所得的豌豆再行種植，孟德爾發現皺皮豆全生皺皮豆，而
光皮豆的豆株有3分之1全生光皮豆，3分之2生光皮豆也生皺皮豆，
而且光皮豆與皺皮豆的比例也是3:1，和第二代的情況相同。

aa 的比例是 1：2：1。

在這個假設理論的基礎上，孟德爾重新檢視他的實驗，發現所有的實驗結果都能得到合理的解釋。

在科學史上，這是石破天驚的發現，後來成為遺傳學上的第一定律——基因分離律：遺傳因子不會互相融合，而是各自分開的。

孟德爾又想：「到現在為止，我每次只實驗豌豆的一種特性，如果同時以具有兩種特性的豌豆來實驗的話，結果又會如何呢？」

於是，這個心思縝密的科學家又開始種植豌豆了。

這回用的兩種豌豆，一種是純種黃色光皮豆（AABB —— AA 代表光皮，BB 代表黃色），一種是純種綠色皺皮豆（aabb —— aa 代表皺皮，bb 代表綠色），因為光皮和黃色都是顯性，雜交出來的第一

一代，全是黃色的光皮豆(AaBb)，正合乎孟德爾的預期。他把這些第一代的黃色光皮豆種下，讓它們自然成長、自花授粉，收成時，發現 556 顆豆子裡，有 315 顆黃色光皮豆，108 顆綠色光皮豆，101 顆黃色皺皮豆，32顆綠色皺皮豆。

孟德爾想：「用黃色光皮豆和綠色皺皮豆來雜交，居然可以生出綠色光皮豆和黃色皺皮豆的後代來，多麼奇妙啊！」這就表示黃色、綠色、光皮、皺皮的四種因子都是獨立存在的，沒有「聯結」的情形，黃色、綠色、光皮、皺皮的因子，在花卵及花粉形成時，會任意重組。

也就是說，AaBb 的豌豆父母所生出的花粉或花卵裡，可能含有AB，aB，Ab或ab等因子，所以雜交以後，才會生出和父親母親都不相同的子女來。如果大量

	綠色皺皮豆花粉 (ab)
黃色光皮豆花卵 (AB)	AaBb

	黃色光皮豆花粉 (AB)
綠色皺皮豆花卵 (ab)	aAbB

表 2　純種黃色光皮豆 (AABB) 與純種綠色皺皮豆 (aabb) 雜交結果

〔說明：所生的豌豆全是黃色光皮 (AaBb) 的。〕

		花　卵			
		AB	Ab	aB	ab
花粉	AB	AABB	AABb	AaBB	AaBb
	Ab	AAbB	AAbb	AabB	Aabb
	aB	aABB	aABb	aaBB	aaBb
	ab	aAbB	aAbb	aabB	aabb

表 3　雜種黃色光皮豌豆的父母會生出各種外型的豌豆子代

〔說明：AABB、AABb、AaBB、AaBb、AAbB、AabB、aABB、aABb、aAbB 都呈現黃色光皮；aaBB、aaBb、aabB 都呈現黃色皺皮；AAbb、Aabb、aAbb 則呈現綠色光皮；只有 aabb 呈現綠色皺皮。因此，雜種黃色光皮豌豆經雜交後，黃色光皮、黃色皺皮、綠色光皮、綠色皺皮四種豆子數量的比例會是 9:3:3:1。〕

種植後，再經過統計，便會發現：黃色光皮、黃色皺皮、綠色光皮以及綠色皺皮四種豆子數量的比例會是 9：3：3：1 。

　　孟德爾的這項發現，後來便成為遺傳學的第二定律——自由組合律：每對因子（基因）自由組合或分離，不受其他因子的影響。

　　後來，孟德爾又更進一步以具有三項特性的豌豆進行雜交，他選擇黃色光皮高生豆 (AABBCC) 和綠色皺皮矮生豆 (aabbcc) 雜交，發現黃色光皮高生的第一代種子，會繁殖出黃色光皮高生、黃色光皮矮生、黃色皺皮高生、黃色皺皮矮生、綠色光皮高生、綠色光皮矮生、綠色皺皮高生、綠色皺皮矮生等八種不同的後代，顯示自由組合律在這三項特性雜交的情況下，還是成立。

　　這樣的實驗結果，讓孟德爾

確定了他的假設是正確的。也就是說，他的假設現在由實驗得到了證明。

「那麼，豌豆甚至其他植物的繁衍，正如我的推測，的確是依照某種遺傳法則在進行的。」孟德爾開心的想。

沒人理解的論文

一面教書，一面做實驗，日子過得非常忙碌，一眨眼，七年過去了。

「我終於揭開了為什麼當人們以雜交來改良植物品種，有時候成功，有時候失敗的謎底了。」孟德爾想。

對於自己發現了遺傳上的兩項法則——分離律和自由組合律，孟德爾覺得非常興奮。現在，應該是把這兩項法則公布出來的時候了。

孟德爾在現代學校的同事

　　──教自然科學的馬考斯基老師，和孟德爾一直很談得來，好幾年來，他們常常和附近的技術學院講師以及當地對科學有研究的人聚在一起，互相討論。原先他們都是摩拉維亞西里西亞農業學會自然科學組的會員，1863年，這群愛好科學的人，決定自己成立布倫市自然科學學會。

　　在進行豌豆雜交實驗的時候，孟德爾經常和馬考斯基討論他的實驗，如今，孟德爾有了重大的發現，馬考斯基自然很為好友感到高興。

　　他向孟德爾建議道：「你為什麼不把實驗結果在布倫市自然科學學會中發表出來？我們會員裡不是有好多對植物的雜交和育種很有興趣的人嗎？到時候，一定會博得他們的讚賞的。」馬考斯基對孟德爾的執著和毅力一向很佩服，也希望他的實驗能得到人們

的重視。

　　孟德爾同意了。他花了很多時間把實驗結果整理成講稿，在 1865 年以「植物的雜交實驗」為題，在布倫市自然科學學會開會時，分成兩次發表。

　　第一次是在 2 月 8 日，一個星期五的晚上。

　　那天，四十三歲的孟德爾刻意修飾了他的儀表，穿著黑色的長外套、長統靴，顯得非常英俊。到場的四十多位布倫市自然科學學會會員，大部分孟德爾都認識，其中有醫生，有教師，有聖湯瑪士修道院的修士，還有以前在維也納大學時代的同學。

　　「只可惜奈維不在了。」孟德爾環顧四周，感傷不已。

　　奈維是孟德爾在維也納大學讀書時最要好的朋友。從維也納大學畢業以後，他也來到了布倫市。奈維對生物學充滿研究熱

情，孟德爾做的是豌豆實驗，奈維做的則是藻類實驗，他們經常往來，交換研究心得。沒想到，1864 年，奈維忽然得急病死了，他的告別儀式還是孟德爾為他主持的。奈維的死，是孟德爾心裡永遠的痛，每次想到他，孟德爾都難過不已。

雖然聽眾都是些熟面孔，可是孟德爾還是覺得很緊張。他越是想好好表現，卻越是說得不明白。

一個鐘頭的演講結束後，只有禮貌性的掌聲，沒人發問，也沒人批評。

「難道大家都沒聽懂嗎？」冬夜的寒風裡，在走回修道院的路上，孟德爾納悶的想，「也許在下次的演講裡，會有人理解這個實驗的意義。」孟德爾這麼安慰著自己。

第二部分的演講訂於 3 月 8

日，也是一個星期五的晚上，距離上回演講正好四個星期。

這次，孟德爾抱著很大的希望，卻再次的失望了。當他說到以具有兩種或三種不同特性的豌豆雜交所可能產生的結果時，臺下的人似乎都被他的 ABCabc 等複雜的理論搞糊塗了，他們一臉茫然，呆呆的盯著孟德爾。

「就連馬考斯基也不懂啊！」孟德爾懊喪的想著，「唉，要是奈維還在就好了，他一定會提出一些中肯的意見，來幫助人們了解我的想法的。」

可憐的孟德爾，他不知道自己的想法已經超越了時代。在那個時候，世界上還沒有「遺傳學」這個名詞，人們雖然已經開始知道有「細胞」，卻還不知道有「細胞核」，更不知道有「染色體」、「DNA」這一類現在人人都知道的遺傳學名詞。像他那

樣，以大數量的個體進行實驗，從統計和數學的角度進行推測與驗證的作法，大大超出了一般人的理解能力。

就這樣，一篇精彩萬分的論文，一副精密傑出的頭腦，完全被同時代的人忽略了。

好在當地的報社，曾派記者採訪，事後報紙上刊出了一篇相當不錯的介紹，總算讓孟德爾感到些許安慰。

不久之後，自然學會依照慣例，把孟德爾發表的論文刊登在期刊上，期刊在德國、英國、法國、瑞典、俄國、美國都有發行，孟德爾心中再度燃起了希望，期望在這個世界上有一個知音，看得懂他的理論，明白他的發現在植物學裡的重大意義。然而，沒有，還是沒有，世界上沒有一個人看得出這篇論文的重要性——直到三十四年之後。

專家的意見

論文沒有受到預期的重視，孟德爾當然覺得很失望，不過，這位農民出身的科學家仍然沒有放棄。

他想：「我雖然發現了豌豆雜交的兩項遺傳法則 —— 分離律和自由組合律，可是這兩項法則是否適用於別的植物呢？」他開始用四季豆做類似的雜交實驗。

孟德爾發現以高生矮生、豆莢表皮光滑或凹凸不平、豆莢綠色或黃色等特性的四季豆來從事雜交，所得到的結果，和他從豌豆雜交推論出來的兩項法則完全吻合，只是四季豆的花在顏色上，不合乎自由組合律，使得孟德爾十分困惑。

現在科學家們知道，有很多植物的花瓣顏色是由好幾種因素來控制的。說起來，孟德爾還有

點運氣，如果一開始他就以四季豆的花色來做實驗題材的話，那麼實驗可能就不會那麼順利了。而且孟德爾實驗時所選取的七對豌豆特性，正好分別在不同的七對染色體上，各自獨立，沒有「連結」的情況，*這也使實驗結果較容易判斷。

有了疑問，孟德爾很希望求教於專家，當時慕尼黑大學有一位極為有名的植物學家 —— 奈傑立教授，孟德爾知道奈傑立對植物雜交很感興趣，在維也納大學讀書時，教植物學的恩格爾教授在課堂上常常提起奈傑立教授，對他十分推崇。1866 年除夕，孟德爾給奈傑立教授寫了一封信，並且附上了他的豌豆論文，請奈

放大鏡 ── *如果兩種特性存在同一個染色體上，就會發生兩種特性一定同時出現的情形。在這樣的情況下，孟德爾的自由組合律自然不能適用。

傑立教授指教。從此，孟德爾與奈傑立間常有信件來往，但奈傑立不同意孟德爾對豌豆雜交結果所下的推論，認為孟德爾需要以其他植物做更多的實驗，才能得到確切的證明。

奈傑立當時已經是一位權威教授，但是孟德爾並沒有因為奈傑立不同意他的理論而動搖信心，他認為自己確實發現了遺傳的法則，所以後來仍然努力試著去說服奈傑立，可是奈傑立也是個固執的人，始終沒有被孟德爾說服。

1870 年，孟德爾寫信告訴奈傑立，他用不同顏色的玉米來做雜交實驗，得到的結果完全合乎他的預測。

那時，奈傑立正在從事木蘭草的雜交實驗，為了想讓奈傑立同意自己的看法，孟德爾告訴奈傑立，他也很樂意用木蘭草來做

實驗。

木蘭草是一種草本植物，它的花很像蒲公英，雌蕊雄蕊都隱藏在密集的花瓣裡，很不容易找到，做人工授粉自然比豌豆困難很多，可是孟德爾不是輕言放棄的人，經過許多次的嘗試，終於想出一個辦法：先用一面鏡子照出花朵形象，然後以放大鏡來看反射在鏡子裡的花蕊，進行人工授粉。這樣的作法，是非常耗損眼力的。

孟德爾試用不同的木蘭草品種進行雜交，發現所生出來的種子極少，培育後代極不容易。即使有時收得少許種子，將它們種植以後，卻發現他的兩大法則對木蘭草完全不適用。

很久以後，科學家才發現木蘭草是一種特殊的植物，它不需要靠傳粉來產生種子。因為它的種子來自卵細胞，長出來的植物

和它們的母親完全一樣。可是當時孟德爾不知道，奈傑立也不知道。

　　孟德爾在木蘭草的雜交實驗上花費了六年時間，因為太耗費眼力，眼睛一度幾乎失明。對於他的兩大遺傳法則不能應用在木蘭草上的原因，孟德爾百思不得其解。

6

孟德爾院長

擔任院長

1867年，奈勃院長去世了。

奈勃是一個令人尊敬的好院長，領導聖湯瑪士修道院達四十三年之久，現在他不在了，以後該由誰來接掌，繼續帶領大家呢？

奈勃院長在世的時候，不但大力鼓勵修士們讀書研究，更難能可貴的是，他一直給予修士們充分的學術和政治思想上的自由，曾經有好幾次，孟德爾在言語間，表達了他對日耳曼自由黨人的同情和支持，奈勃院長聽了都沒說什麼。那時候，演化論正在盛行，教會對於「演化」的說法非常忌諱，因為這種說法和《聖經》的記載衝突。孟德爾有

好幾本有關演化論的書籍，奈勃院長知道了，也從來不加干涉。為此，孟德爾一直對院長心存感激。孟德爾也希望新院長的人選會和奈勃院長一樣，胸襟開闊，能夠容納不同想法。

依據當時的法律，每當修道院換新院長，政府就可以一向修道院抽取一筆稅金，所以對修道院來說，由一個年輕一點的人來擔任這項職務比較經濟。而且，那時候，院長人選必須經過皇帝核准，而皇帝是日耳曼人，當然希望這個職位能由日耳曼人來擔任，偏偏當時聖湯瑪士修道院的修士們以捷克人居多。

孟德爾是日耳曼人，1868年時，他四十五歲，還算年輕，平時人緣也很好，這種種因素湊在一起，修道院裡的修士們便一致推舉孟德爾擔任院長。

院長的責任很大，工作很

忙，不可能繼續在現代學校教書了。十四年來，雖然一直只是個臨時教師，但是孟德爾的教書生涯帶給他極大的滿足，學生、同事都喜歡他，離職的時候，大家都對他依依不捨。因為怕面對送別的感傷場面，孟德爾婉拒了校長為他舉行歡送會的提議，只交代校長，把他最後一個月的薪俸分送給三個最窮困的學生。

　　從一個臨時教員升格成為修道院院長，孟德爾的薪資一下子增加了許多，對於驟來的財富，孟德爾表現得很慷慨，他常常捐錢給藝術和科學團體，也常常救濟窮人。

　　這時候，孟德爾終於有能力來回報妹妹泰瑞莎了。對於泰瑞莎的三個兒子，孟德爾一向非常照顧，現在，三個外甥都來布倫市讀中學。他不但支付他們讀中學的費用，還常常教導他們，為

他們解答學業上的問題。後來，三個外甥裡，有兩個在布倫市讀醫學院，他們讀醫學院的費用也都由孟德爾負擔。

有一段時間，亨茲德弗有些人家遭遇火災，孟德爾十分同情，在他的大力資助下，亨茲德弗得以成立救火站，地方上的人士為了表示感激，特別讓他做亨茲德弗救火站的榮譽會員。

修道院院長在地方上有很大的影響力，隨著這個地位而來的，是參與地方公益事業的義務。當院長的第一年，孟德爾被推選為布倫市自然科學學會的副會長。1870 年，他又被推選為摩拉維亞西里西亞農業學會的執行委員、布倫市博物館的理事、布倫市聾啞學校理事等，這些雖然都是榮譽職位，卻需要花很多時間才能勝任。此外，他還為摩拉維亞西里西亞農業學會的刊物撰

寫文章。人們知道他有豐富的改良果樹知識，常常向他請教果樹的育種及嫁接方法。

做了院長，孟德爾有權力擴大他的實驗園地，可是雖然他一直很想繼續做雜交實驗，卻苦於無法抽出時間。修道院裡事務繁忙，身為院長，還必須不時到羅馬、梵蒂岡、柏林、維也納等地去參與教會行政和決策的討論。1869 年，孟德爾擔任院長一年後，曾經在布倫市自然科學學會發表了一篇演講，報告他做木蘭草雜交時所遭遇的種種困難，希望有興趣的人能加入這項研究。然而，漸漸的，孟德爾終於體會到，繼續從事雜交實驗是不可能的了。1873 年，他寫了一封信給奈傑立教授，告訴對方他對實驗力不從心，並把他所栽培出來的二百三十五株木蘭草都送給了奈傑立。

　　雖然不再有時間從事正規的科學實驗，但是只要時間允許，他仍然會嘗試花卉的育種。他最常實驗的花卉是晚櫻花，在很多照片裡，都可以見到他手上拿著晚櫻花。人們都知道他對晚櫻花的喜愛，布倫市有一位花商，曾把他培育出來的新種晚櫻花，取名為「孟德爾院長」。「孟德爾院長」花朵碩大，開花較早，花色藍中帶紫，十分美麗。

追風的人

　　早在孟德爾讀卓磐中學時，他就開始對氣象學發生興趣。那時候，有一位老師每天做氣象紀錄，孟德爾學會了以後，自己也開始做氣象紀錄。

　　在布倫市自然科學學會中，孟德爾認識了歐理西克醫師。歐理西克是布倫聖安妮醫院的一位資深醫師，由於他對氣象學很有

興趣，從 1848 年開始，便擔任布倫市氣象觀察員。因為這項共同愛好，孟德爾和歐理西克很快的成了好朋友。

1856 年，也就是孟德爾開始豌豆實驗的第一年，歐理西克生病了，於是請孟德爾代他做氣象紀錄，起初以為只是暫時性的，沒想到後來歐理西克身體一直沒有康復，孟德爾便正式接下了布倫市氣象觀察員的工作。

氣象觀察員除了每天記錄天氣實況外，每滿一個月，還要把累積的天氣資料整理好，算出平均值，然後用電報傳送到維也納氣象所，作為維也納氣象所裡的專業氣象研究員研究和參考的資料。

孟德爾把溼度計、溫度計和雨量計，掛在修道院院長居所附近的牆上，每天早上七點，下午兩點，晚上九點，他會走過修道

院幽森的長廊，去記錄天氣實況。

這項工作，孟德爾一共做了二十七年，一直到他去世前的三天才停止。在這漫長的時間裡，即使是北風呼號的冬夜，孟德爾也不忘去察看牆上的儀表。

歐理西克曾經建議孟德爾，把多年來的數據加以歸納整理來發表。歐理西克把他從 1848 年起做的天氣紀錄都交給了孟德爾，到了 1862 年，加上孟德爾自己所記錄的，他手裡有了布倫市十五年來完整的天氣資料，他把歷年來的氣溫、氣壓、溼度、風速、降雨量、降雪量的數據，都整理出來，製成圖表，在布倫市自然科學學會發表，第二年，學會在期刊裡刊登了這篇報告。此後連續四年，學會的期刊都有他的氣象報告，漸漸的，很多關心氣象的人都聽說了他的名字，還有人

遠從荷蘭寫信來跟他要資料呢！從很小的時候，孟德爾最大的願望就是能從事科學研究，現在他在氣象學方面得到了人們的重視，心裡多少感到安慰。

孟德爾認為氣象預報很重要，他建議，如果能在歐洲不同的地方設立氣象站，每天收集有關天氣的各種數據，然後把各地的數據整合起來，就大致可以看出變化的趨勢，進而預測整個歐洲的天氣狀況。1877年，他發表了一篇論文，題目是〈氣象預報的基礎〉，在這篇論文裡，他指出目前歐洲只有二三十所氣象站，而美國卻有一百多所，呼籲有關當局能多建一些氣象站。

每天做氣象紀錄的孟德爾，戲稱自己是「追風的人」。這個追風的人有一次卻被風追得很狼狽，幾乎送了性命。

那是1870年的10月13日，大

約下午兩點鐘，孟德爾正在自己的房間裡，龍捲風忽然來襲，把修道院裡的建築吹倒了好幾處。據孟德爾形容，那天的天氣，就像任何一個早秋的日子一樣，藍天飄著白雲，什麼異狀也沒有，到了下午一點鐘，布倫市北邊開始下雨，沒想到一個鐘頭以後，天色驟然間變暗了，接著颳起了大風，把房子吹得砰砰作響，然後，他的房門「嘩」的一聲被吹開，連厚重的書桌都移了位，頭頂上，碎裂的牆板如雨點般的打下來。窗子的玻璃被震碎，屋頂上的瓦片也飛進了房間裡。以前，孟德爾只在書上讀過龍捲風摧殘的威力，這回總算親眼看到，也親身體驗到了。

短短幾分鐘之內，世界彷彿變了樣。身為氣象觀察員的孟德爾雖然感到驚嚇，但也十分興奮。他抓住這個難得的機會，把

龍捲風的狀況作了一番實地觀察。他看見窗外出現一團形狀有如沙漏一般、兩頭大、中間小的黑色怪物，上面的部分伸入雲層裡，下面的部分觸到地上。這與他想像中的龍捲風很不一樣。根據他的目測，他認為下半部約有七百五十英尺高，而上半部離地約有一千英尺左右。同時他還注意到一個不尋常的現象：這個龍捲風是順時鐘方向旋轉，照理說，北半球的龍捲風應該是往逆時鐘方向旋轉的。

這次的龍捲風，使修道院損失慘重，一千三百片玻璃窗被吹破，許多房間──包括孟德爾院長的──都遭到破壞，好在沒有人傷亡。四個星期之後，孟德爾在布倫市自然科學學會作了一場關於這次龍捲風的演講，後來，還寫了一篇論文，題目是〈1870年10月13日的龍捲風〉。他認為

龍捲風可能是因為不同方向的兩種氣流相遇而引起的，一百多年後，科學家們以電腦分析測試，推翻了這個理論，然而，一直到今天，人們仍然不知道龍捲風究竟是怎麼形成的。

寂寞的晚年

　　1874年，哈布斯堡王朝政府由日耳曼自由黨當權，這是孟德爾一向同情的政黨。新政府上臺，發布了一項新法令，規定從1875年起，修道院必須向政府納稅，理由是為了要給修士及神父們加薪。孟德爾不反對給修士及神父們加薪，但是他覺得政府規定的稅率——修道院財產總值的百分之十——高得極不合理，他絕不能同意。他繳了一部分，另外附上一封抗議書。政府的回信來得很快，他們退回了他付的錢，要求他補上差額，一起付

清。通知上還說，如果政府對修道院財產的估計有錯，倒是可以重新考慮應付稅額。

這給了孟德爾一個下臺階的機會，如果他說修道院財產確實沒那麼多，要求政府重新調整，政府有可能會同意。可是，孟德爾是個講求原則的人，這不是他做事的方式，他認為這不是財產多少的問題，重點在於政府所課的稅率太不合理。於是，他繼續以拒絕納稅來表示抗議。

孟德爾的個性很固執，只要自己認為正確的事情，從來不肯讓步。這份堅持，用在科學研究上很有用，但用在和政府的對抗上卻不太有效。1876年，政府沒收了修道院的部分財產去抵稅，把孟德爾給氣壞了。他寫了一封又一封的信，向政府部門抗議，可是政府一直置之不理。

就在雙方各持己見，互不妥

協的時候，孟德爾忽然被任命為摩拉維亞銀行的副總裁，其實這是政府在幕後主導的，官員認為，如果孟德爾得了好處，應該會甘心付稅了。沒想到，這位固執的院長把錢拿去救濟窮人，依舊拒絕繳稅。

孟德爾對於養蜂也很有研究，由於他小時候曾經幫著父親養蜂，在這方面很有經驗。擔任院長時，他曾經試著以本地種的蜜蜂與外地種的蜜蜂雜交，想看看會產生出怎樣的後代來。為了做這個實驗，他設計了一種特別的蜂巢，用鐵絲網把兩種蜜蜂隔開。為了讓蜜蜂有花蜜可採，孟德爾派人在修道院附近的山坡上種了許多花，後來雖然因為蜂巢的分隔設施不夠嚴密，蜜蜂雜交實驗沒有成功，可是由於山坡上的花長得很茂盛，蜜蜂有豐富的花蜜來源，修道院的蜂蜜因而大

豐收。

　　在孟德爾生命的最後幾年裡，他還花時間種植果樹，培育新種的蘋果和梨。1882年，維也納園藝協會特別頒發獎章給孟德爾，表揚他的成就。

　　老年的孟德爾，常常想起童年，懷念死去的父母。當年父親的田地房產都賣給了姐夫，他特地寫了一封信，請姐夫將園子裡父親手植的果樹剪下一些枝幹，以快遞寄來。孟德爾請人把這些枝幹嫁接在修道院裡的果樹上，常常去探視。看到這些果樹開花結實，總讓他想起兒時全家採收水果的甜蜜時光。

　　到了1883年，孟德爾為了繳稅的事，已經與政府抗爭了九個年頭。起初，大家都反對政府，不願繳稅，可是漸漸的，院裡的修士們都認為這樣堅持下去也沒有用，開始贊成與政府妥協，可

是孟德爾仍然不肯讓步。因為對這件事情的固執，孟德爾在修道院裡漸漸被孤立起來，更糟的是，孟德爾的健康也開始走下坡，此時他的腎臟和心臟都出了問題。

這段時間裡，幾乎沒有什麼朋友來看他，只有他的兩個外甥——艾洛士・辛德勒及費德南・辛德勒，不時會來陪他說話、下棋。當時，他們都是醫學院的學生。

1884 年的 1 月 6 日，孟德爾去世，一直到他死前三天，他還做了氣象紀錄。

7 掌聲響起

　　1880 年，一位名叫佛基的科學家寫了一本有關植物雜交的書，書裡有好幾處提到了孟德爾的實驗。佛基曾把他的書送給當代一位非常有名的學者——以演化論名重一時的達爾文。可惜的是，達爾文雖然讀了佛基的書，卻錯過了書裡描述孟德爾豌豆實驗的那部分。

　　達爾文所倡導的演化學說，主張物種隨著時間一直在改變，不適應環境的會被淘汰；他贊成拉馬克「用進廢退」的說法，認為生物的特性會愈用愈發達，而且這些後天發展出來的特性會遺傳到後代子孫的身上。達爾文的這種理論讓科學界非常興奮，可是在生物是如何把這些後天得到的優越特性遺傳給子孫的關鍵

上，達爾文卻無法提出有力的證據來支持。

　　其實，達爾文也曾經用黃色及綠色的豌豆做了雜交實驗，同時他也發現雜交出來的第一代豌豆全都是黃色的，但是到了第二代時，卻出現了綠色的，他甚至也注意到 3：1 的比例。可惜由於他所用的豌豆數量不夠多，也沒有像孟德爾那樣一代接一代的繼續培育、觀察，所以，得不到合理的解釋。如果達爾文讀了孟德爾的豌豆雜交實驗論文，他的演化論一定會發展得更加完善。

　　孟德爾倒是曾經仔細的閱讀了達爾文的著作，後來人們發現他的書架上有達爾文的《物種原始》德文翻譯本（達爾文是英國人）。在這本書裡，孟德爾做了許多眉批，寫了許多評論。基本上，孟德爾同意達爾文演化的說法，但是他對達爾文「生物能把

它們所發展出來的對環境的適應性遺傳給後代」的觀點卻不贊成。他從自己一系列的豌豆實驗裡，推論出生物特性能否遺傳給子孫，事實上是由「機率」來決定的。

達爾文卻認為物種的改變是漸進的，孟德爾根據自己的實驗，卻認為物種的改變不是連續性的，很可能是突發的。

當孟德爾從豌豆實驗中推論出遺傳法則的時候，他只知道遺傳的因子在花粉和花卵細胞裡，至於它們在細胞裡是以何種方式存在，孟德爾可一點兒概念也沒有。

從 1866 年到 1900 年，生物科學突飛猛進。顯微鏡的進步以及細胞染色技術的發明，讓科學家們得以看見細胞裡的精微構造，促使細胞學迅速的發展。後來有一位名叫弗來明的科學家，發現

細胞核裡有好些棍狀結構，他把這些棍狀結構稱為「染色體」。這個發現，更是生物界的一大突破。

1900年，三位植物學家，德國的科倫斯、奧地利的車歇馬克、荷蘭的烏瑞斯，不約而同的在他們各自的國家進行了與孟德爾極為類似的雜交實驗，也分別得到了類似的結論。當他們在發表論文前查閱有關的文獻時，大家不約而同的發現，原來有位神父早在三十多年前已經做過了他們現在所做的實驗，知道了他們現在所知道的結果。

當這三位科學家把孟德爾的發現公布出來時，這篇在圖書館裡塵封了三十四年的論文，一下子轟動了整個科學界。這時候，離孟德爾去世已經十六年了。

這項戲劇性的發展，不僅肯定了孟德爾在遺傳學上的貢獻，

更帶動了人們研究遺傳學的熱潮，科學家們紛紛開始進行各種雜交實驗，希望能進一步證明孟德爾的理論。

　　1910 年，美國哥倫比亞大學的一位生物學教授摩根發現實驗室裡飼養的紅眼果蠅中出現了一隻白眼果蠅，基於好奇，他以紅眼果蠅與白眼果蠅雜交，結果雜交出來的第一代果蠅全是紅眼的（顯然紅眼相對白眼來說是顯性），當他以這些第一代的紅眼果蠅再行交配時，發現牠們生出來的第二代裡，不但出現了白眼果蠅，而且紅眼與白眼的比例和孟德爾豌豆雜交的結果相同，也是 3：1 。更令人驚異的是，所有的白眼果蠅都是雄性，由於這兩種特性（白眼和雄性），總是一起出現，摩根認為決定果蠅眼睛顏色的因子和決定果蠅性別的因子，有「連結」的情形。

　　後來摩根發現，遺傳因子附於染色體上，而果蠅的白眼因子和性別因子位於同一對染色體上。孟德爾當年的理論，這時候，終於和細胞內最重要的構造——染色體——發生了聯繫。摩根把遺傳因子稱為基因，他的基因理論，使人類在生物遺傳的領域裡跨出了一大步。1933年，他得到了諾貝爾獎。

　　我們現在知道，在體細胞分裂之前，染色體會發生一連串的變化來複製自己，所以當體細胞分裂，從一個細胞變成兩個細胞時，兩個細胞能各具一套完整的染色體；可是，生殖細胞的形成卻和體細胞不同，它會出現「減數分裂」的現象，就是說，生殖細胞分裂以後，染色體的數目變成原先的一半。在孟德爾的雜交實驗裡，豌豆花粉和豌豆花卵就是生殖細胞，這些細胞中所含有

的染色體數目都是豌豆體細胞染色體數目的一半，當花粉細胞在花房與花卵細胞結合時，花粉細胞染色體和花卵細胞染色體會互相融合，形成種子，*種子裡的染色體數目，就是花粉細胞的染色體數目加上花卵細胞的染色體數目，也就是說，恢復為原先體細胞染色體的數目。孟德爾以皺皮豆與光皮豆進行雜交實驗時，所生第一代的種子裡，染色體一半來自皺皮豆父母，一半來自光皮豆父母，所以即使外觀是光皮，卻含有皺皮基因，所以會繁衍出皺皮的子孫來。雜交，增加了遺傳的多樣性和複雜性，提供了生物一代一代間變化的能力，也促成了演化的可能性。

現在我們知道，「基因」便

放大鏡

*這個過程，稱為「受精」。卵子「受精」後，會發育成有生命力的種子。

是控制生物遺傳的密碼。它就像一一張藍圖，決定了生物的種種特性。看看你周圍的人，有人眼睛大，有人眼睛小，有人長得高，有人長得矮，有人長得像父親，有人長得像母親，還有人不像父母，卻和祖父母相像，這種種有趣的現象，都和染色體裡的基因有密切的關係。

近百年來，人類把遺傳方面的知識應用在農業、畜牧業、養殖業等方面，獲得很大的成功。米、麥、蔬菜、水果、花卉、家禽、家畜等的品種日新月異的改良，豐富了我們的生活。在醫學上，遺傳學更帶來了耀眼的成果，科學家們發現人類的 RH 因子、血型、眼睛顏色都與遺傳有著直接的關係，而血友病、色盲、皮膚白化症等，都是得自遺傳的疾病。

1910 年 10 月 2 日，在孟德爾

去世將近二十七年之後，一座紀念孟德爾的雕像在布倫市揭幕，大理石雕像所呈現的，是一個向世界伸展雙手的年輕神父，在他的身後，有成排成列、長得十分茂盛的豌豆和四季豆。下方的碑文，寫的是：

紀念一位先驅者
葛瑞格・孟德爾神父
TO THE INVESTIGATOR P. GREGOR MENDEL
1822 ～ 1884

孟德爾

小檔案

1822 年	7 月 22 日，出生於奧地利的亨茲德弗。
1833 年	從亨茲德弗村莊小學畢業，離家去立平尼克鎮讀中學。
1834 年	到卓磐讀高中。
1838 年	父親被滾下來的樹幹壓傷，無法工作。孟德爾通過私人補習教師檢定考試，開始自力更生。
1840 年	從卓磐高中畢業。
1841 年	進入歐爾姆茲哲學學院。
1843 年	從歐爾姆茲哲學學院畢業，到聖湯瑪士修道院學習神學課程，準備成為修士。
1847 年	修完神學課程，正式成為神父。
1849 年	擔任芳姆中學臨時教師。
1850 年	參加教師資格檢定考試失敗。
1851 年	到維也納大學進修。
1852 年	妹妹泰瑞莎結婚。

1853 年	結束維也納大學的進修，回到布倫市聖湯瑪士修道院。
1854 年	擔任布倫市現代學校教師。開始為豌豆雜交實驗作準備。
1856 年	參加教師資格檢定考試，再度失敗。
1856 年	開始進行豌豆雜交實驗。擔任布倫市氣象觀察員。
1857 年	父親去世。
1862 年	在自然科學學會發表第一篇氣象論文。
1862 年	母親去世。
1863 年	成立布倫市自然科學學會。
1865 年	在布倫市自然科學學會發表豌豆雜交實驗論文。
1866 年	開始與奈傑立教授書信往返，討論植物雜交實驗。
1867 年	聖湯瑪士修道院奈勃院長去世。
1868 年	成為聖湯瑪士修道院院長。
1870 年	在布倫市自然科學學會，發表有關龍捲風的演說及論文〈1870 年 10 月 13 日的龍捲風〉。
1873 年	把培養的木蘭草品種寄贈奈傑立教授。
1874 年	向政府抗議新稅法的不合理。
1877 年	在布倫市自然科學學會發表論文〈氣象預報的基礎〉。
1884 年	去世。
1900 年	孟德爾的豌豆雜交實驗終於得到科學界的肯定。

獻給孩子們的禮物

「世紀人物100」

訴說一百位中外人物的故事

是三民書局獻給孩子們最好的禮物！

◆ 不刻意美化、神化傳主，使「世紀人物」
　更易於親近。

◆ 嚴謹考證史實，傳遞最正確的資訊。

◆ 文字親切活潑，貼近孩子們的語言。

◆ 突破傳統的創作角度切入，讓孩子們認識
　不一樣的「世紀人物」。

藝術家系列

榮獲2002年
兒童及少年讀物類金鼎獎

第四屆
人文類小太陽獎

～帶領孩子親近二十位藝術巨匠的心靈點滴～

喬 托	達文西	米開蘭基羅	拉斐爾
拉突爾	林布蘭	維梅爾	米 勒
狄 嘉	塞 尚	羅 丹	莫 內
盧 梭	高 更	梵 谷	孟 克
羅特列克	康丁斯基	蒙德里安	克 利

國家圖書館出版品預行編目資料

遲來的掌聲：孟德爾／陳又治著;汀洲畫室-呂迪繪.－
－初版二刷.－－臺北市：三民，2011
　　　面；　　公分.－－(兒童文學叢書／世紀人物100)

ISBN 978-957-14-4928-9　　(平裝)

1. 孟德爾(Mendel, Gregor, 1822-1884) 2. 傳記 3. 通
俗作品

784.418　　　　　　　　　　　　　　　　96021388

©　遲來的掌聲：孟德爾

著 作 人	陳又治
主　　編	簡 宛
繪　　者	汀洲畫室-呂迪
發 行 人	劉振強
著作財產權人	三民書局股份有限公司
發 行 所	三民書局股份有限公司
	地址　臺北市復興北路386號
	電話　(02)25006600
	郵撥帳號　0009998-5
門 市 部	(復北店) 臺北市復興北路386號
	(重南店) 臺北市重慶南路一段61號
出版日期	初版一刷　2008年1月
	初版二刷　2011年11月修正
編　　號	S 781560

行政院新聞局登記證局版臺業字第○二○○號

有著作權‧不准侵害

ISBN　978-957-14-4928-9　　(平裝)